极简营销

刘华鹏◎著

金城出版社
GOLD WALL PRESS

图书在版编目（CIP）数据

极简营销 / 刘华鹏著. —北京：金城出版社，
2017.10
ISBN 978-7-5155-1565-6

Ⅰ. ①极… Ⅱ. ①刘… Ⅲ. ①营销术 Ⅳ.
①F713.50

中国版本图书馆 CIP 数据核字（2017）第 255904 号

极简营销

作　　者 刘华鹏
责任编辑 李铁武
文字编辑 李明辉
开　　本 710 毫米 ×1000 毫米　1/16
印　　张 16
字　　数 200 千字
版　　次 2018 年 1 月第 1 版　2018 年 1 月第 1 次印刷
印　　刷 三河市百盛印装有限公司
书　　号 ISBN 978-7-5155-1565-6
定　　价 48.00 元

出版发行 **金城出版社** 北京市朝阳区利泽东二路 3 号　邮编：100102
发 行 部 (010)84254364
编 辑 部 (010)64391966
总 编 室 (010)64228516
网　　址 http：//www.jccb.com.cn
电子邮箱 jinchengchuban@163.com
法律顾问 陈鹰律师事务所　(010)64970501

前言

FOREWORD

在西方一些国家存在一种“极限民”，他们只保留极小部分的生活物品，抛弃一些非必需的东西。比如，每天只保留最基本的一日三餐，居室内只保留床等最基本的生活用品，将多余的衣服扔掉，过着简单幸福的生活。

随着极简主义的兴起，有不少人将这一观念运用到工作中，如用极简理念开展产品设计、产品营销等活动。如果说当今有谁把极简主义运用到极致，非乔布斯莫属。乔布斯将极简理念深深地融入产品设计与产品营销中，从而缔造出一个100倍股价涨幅、全球市值最高的科技公司的神话。

我们可以看到，苹果公司对旗下的产品品类做了严格限制，且每年一种品类只推出一款。除了对品类的限制，乔布斯对产品设计也彻底奉行极简主义。相比于功能机时代密密麻麻的按键，苹果手机只有一个按键，所有功能操作都采用触屏的方式。在外观上，苹果手机也非常简洁，没有一丝多余的色彩。

乔布斯在产品中奉行的极简理念获得了用户的推崇。用户从苹果产品身上体验到了“简洁不简单”，苹果公司推出的产品无需过多的营销手段，就成为世界上最受欢迎的电子产品，“果粉”持续增多。

如何将极简理念运用到自己的产品设计中，从而达到极简营销的目的？需要重点提及以下三点。

首先，善于把握用户最核心的需求。企业掌握了用户最为核心的需求，将一些伪需求及会加大营销成本的需求剔除在外，就可达到极简营销的目的。比如，小米手机就是抓住了用户对高性价比手机的需求，即用户一方面想拥有功能强大的手机，一方面又想降低购买成本。

其次，明确自身定位。聚焦定位可以迅速进入用户心智，在用户心中留下独特的位置。一旦用户对产品贴上了标签，企业的营销自然简单许多。比如，网易云音乐的定位就是“文艺范”，吸引不少文艺男女青年获取音频及浏览评论，并开展社交活动。

最后，学会给产品做减法。少即是多，善于给产品做减法，将产品的每一个功能都做到极致，用户才会主动追求，并逐渐转化为忠实的粉丝。

极简理念要融入企业营销的每一个环节，还涉及市场聚焦、极致体验、文案创意、传播推广等。极简营销——能被记住的营销才是有效果的营销。

目录
CONTENTS

CHAPTER 1

极简：你的资源有限，“以少胜多”才能生存

所谓“大道至简”，真正的道理是最简单的，是洞察事物本质的。同理，真正的营销并不是全面发展、平均用力，而是在关键点上着力，调动所有资源将营销做到极致。

CHAPTER 2

需求：令人满足的不是产品数量

投放的产品越来越多，社交类、视频类、美图类、旅游类……各种各样，五花八门。但是，用户真的需要这么多产品吗？为什么用户最终只选择了一款产品？为什么只有少数产品能够成功？因为，用户需要的不是产品数量，而是最能满足自己核心需求的产品。

CHAPTER 3

定位：选择一件“标志性衬衫”就够了

任何营销都需要一个瞄准点，极简营销也是如此。企业只有明确自己的定位是什么，才知道要往哪个点发力。极简营销的瞄准点不需要太多，只需要一件最能代表自己、最能代表市场的“标志性衬衫”就够了！

CHAPTER 4

聚焦：瞄准市场才能“赢销”

当今市场呈现出多样化的特色。极简营销主张企业不要被市场表象所迷惑，要拨开迷雾，洞若观火，看清市场真相，聚焦市场需求。

CHAPTER 5

减法：少即是多，产品越简单越好卖

产品是为了销售而存在。一款产品外形美观、功能齐全、价格低廉，就是极致的产品吗？显然不是，产品设计还需要融入极简风格。简而言之，就是给产品做减法。

CHAPTER 6

极致：把一点做透让用户爽

极简营销的本质是让用户体验极致，是尽可能地让用户爽。只有让用户爽了，用户才会上瘾，才会主动追求产品。达到这种境界，营销就会变得非常简单。

CHAPTER 7

文案：一个字、一句话、一张图

当真正的广告创意展现在面前时，你会明白，并不是文案出众、语言华美、设计炫酷的才是好的广告，原来广告的画面也可以这么干净利索，文案也可以这么直白简洁，最终也可以达成这么非凡的效果。

CHAPTER 8

传播：99% 的推广方法都是多余的

营销手段并不是越多越好，而是要选择最适合自己的。极简营销的核心观念就是如此，用最适合、最简单的营销手段，达成最大的传播效果。

CHAPTER 9

案例：不只乔布斯，这些企业也崇拜极简

任何理论都是从实践中来，然后经过整合分析再运用到实践中去。让我们来看看当下一些企业是如何开展极简营销并最终获得成功的。

1

CHAPTER

极简：你的资源有限，“以少胜多”才能生存

所谓“大道至简”，真正的道理是最简单的，是洞察事物本质的。同理，真正的营销并不是全面发展、平均用力，而是在关键点上着力，调动所有资源将营销做到极致。

1.1 你了解什么是极简主义吗

极简主义，大家应该非常熟悉，苹果公司创始人乔布斯一生坚守的人生信条，就是它。乔布斯时期所塑造的产品无一不印证了这一名词。

那么，到底什么是极简主义？当你天天喊着要用极简主义设计产品，但最后又失败时，是否深思过，自己对这个看似简单，其实内涵深蕴的名词，真的理解了吗？

1. 寻源

极简主义，它有着什么样的前世今生，它是如何产生的，又经历哪些阶段的发展（参见图 1-1）呢？

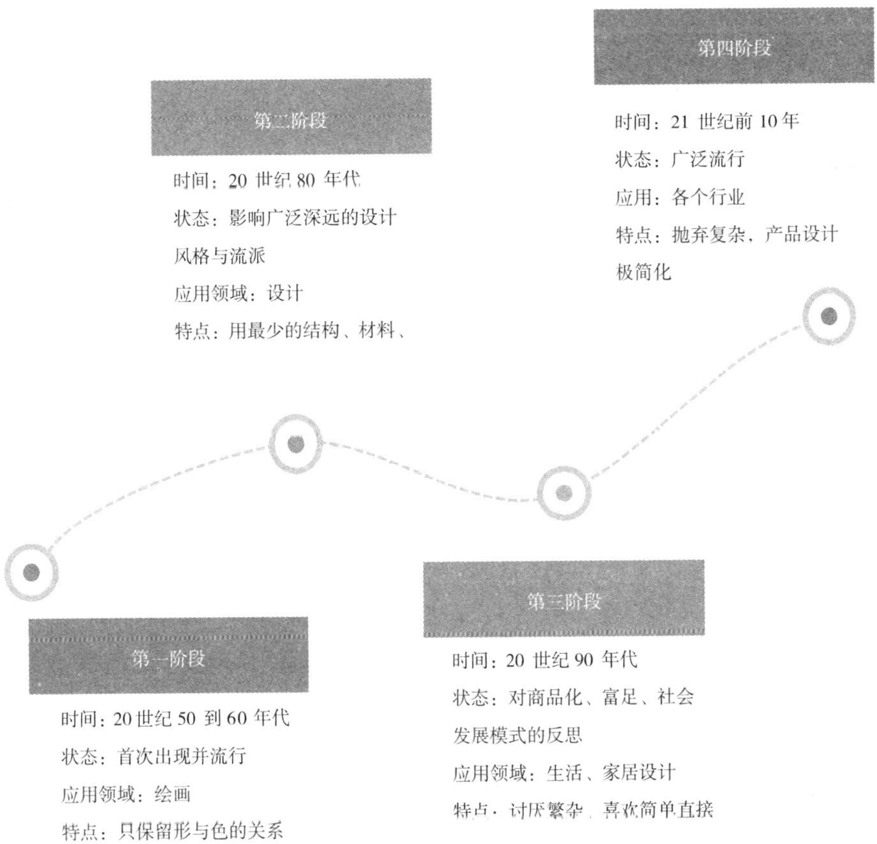

图 1-1　极简主义的发展历程

极简主义的前身即极少主义，是一种现代艺术流派。极少主义首次出现并流行是在 20 世纪 50 到 60 年代期间，主要应用于绘画领域。极少主义强调对绘画语言进行削减，只保留形与色的关系，主张用极少的色彩和形象简化画面，削减所有对主体产生干扰的因素。

20 世纪 80 年代，极简主义在西方成为一种影响广泛且深远的设计风格与流派，强调用最简洁的结构、材料、造型设计对象。它是现代主义设计理论中的一个重要组成部分，可以认为是现代主义、国际现代主义理论体系中有关简化设计的集成与发展。但是，极简主义的艺术设计绝非只是对现代主义的全盘继承，而是经过长期沉淀，取其最精华的部分融合到自身。

20 世纪 90 年代，伴随着能源危机而来的是对商品化、富足、社会发展模式的一种反思。人们开始认识到破坏生态、过度消费自然资源以及物欲极度膨胀的严重性。因此，节约能源、环境保护等新的价值观被日益认同。这一切成为极简主义存在与发展的社会基础。

同时，在日益复杂和激烈的生存环境中，人们更加向往清晰自然、随意轻松的环境，开始认识到极简主义的设计已经成为基本需求，越来越讨厌繁杂、喜欢简单直接。所以，现代家居设计领域里，极简主义设计理念已经成为许多设计师追求的创造源泉与手段。

如今，极简主义不仅被应用到家居设计中，各行各业都在追求产品设计的极简化。

2. 特点

极简主义主要有三大特点：一是展示物质本原，减少过度的形式表现，淡化作者的主观意识；二是将作品艺术概念上的意向空间对观众开放，让观众与作者一起构建作品；三是在极简理念上将设计做到极致。

极简主义的这三大特点分别强调了三个方面（参见图 1-2）。

对应到营销上，本原就是指用户的需求。企业在进行产品营销时，需加强对用户需求的关注，提高用户参与设计的程度，以用户为核心将营销做到极致。像 OPPO、vivo、苹果、小米等畅销型手机品牌都满足了这些特点，奉行以极简主义来设计产品。

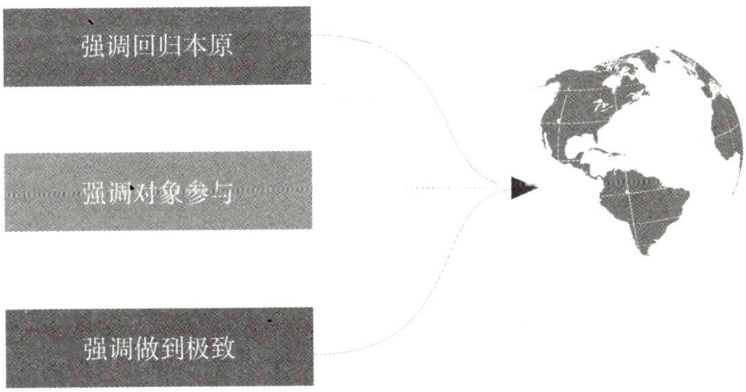

图 1-2　极简主义三大特点强调的三个方面

3. 影响

极简主义带来的影响涉及各个领域，主要体现在以下四个方面（参见图 1-3）。

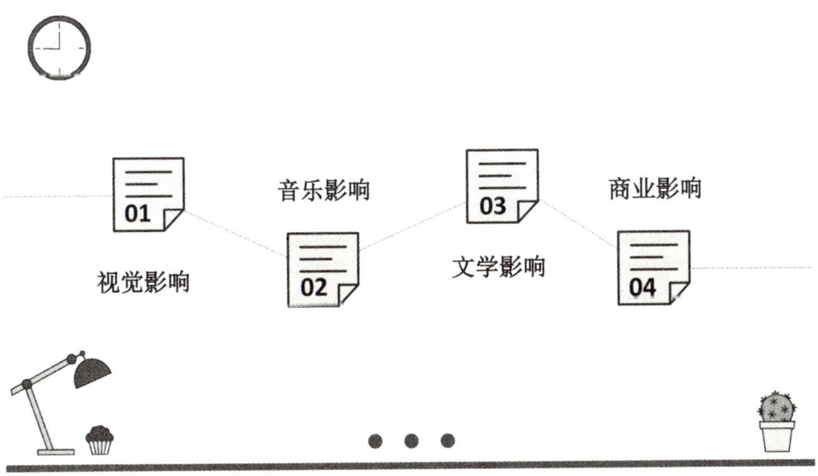

图 1-3　极简主义的四大影响领域

（1）**视觉影响**

在视觉方面，极简主义强调艺术作品不是作者自我表现的方式，所以无须把自己认为的好元素，都添加到作品上，最后造成视觉负担。最好能采用简单平整的四方形或立方形来传达作者的意识，或使用重复和均等的分布手法、减少物料加工、采用原物的原质感来展示作品。

（2）**音乐影响**

在音乐领域，极简主义主要表现为重复的音节及最少的节奏变化，强调长时间静止，采用连续不断的杂音，单调或者非常相似的音调转变。极简主义类型的音乐主要用作电子游戏背景音乐。

（3）**文学影响**

在文学领域，极简主义表现为文字的节约性，使用平铺直叙的表达方式，减少华丽的辞藻，让读者主动参与内容成为文本角色，避免读者解读文本时产生压抑。

（4）**商业影响**

在商业方面，极简主义强调寻找用户最大的需求，选择标志性的产品卖点，聚焦一个细分市场，产品设计越简洁越好，传播方式不求多而广，只求简洁合适。

4. 需要思考的问题

现在各个企业都在强调极简主义，有些企业通过极简主义把产品做成功了，但有些企业却失败了。究其原因，还是对极简主义的认知不够。企业在运用极简主义进行营销时，需要思考以下两个问题。

问题一：极简主义不是简单思维

极简主义，是指在最纯粹的样式中，还原最基本的东西，并不是指简单思维。从营销手法上来说，不是把营销方式删、删、删，减、减、减，而是使用最符合用户需要、最适合企业自身的营销方式，并不是指只用一种方式进行营销。

问题二：极简主义不适合大众化设计

有些企业认为，在极简主义下设计出来的产品，品牌高雅，摒弃了陈俗与浮华，直至本质，但却不适用于大众化设计。因为极简主义会让产品失去视觉冲击力，这与一些商业目的是相违背的。这是一种极简主义的悖论，也是对用户需求的误解。用户选择一件产品，视觉冲击力并不是首要，而是在于能否满足自己的需求，上手是否简单。同时，现在的用户越来越讨厌复杂的东西，如果只是用各种各样的元素堆积起来的视觉冲击力，用户会产生极大的厌恶感。而且，并不是说用极简主义就无法给用户造成视觉冲击力。

1.2 极简本质：去除形式主义，满足客户需求

什么才是真正的极简主义？每个人都有自己的看法。企业在使用极简主义进行营销时，唯有看清本质，才能运用好，使其成为企业手中的一把营销利剑。

本质一：价值层面

极简主义的本质首先体现在价值层面上，也就是说企业在做产品设计时，要注重用户需求，让自身的价值观与用户的价值观趋于一致。优质的产品与服务，讲究的是感知一致性，也就是企业的感知与用户的感知是一致的。如此，才能准确抓住用户的需求，让自身的价值观被用户接受。

企业要做到这一点，需要注意以下几点（参见图 1-4）。

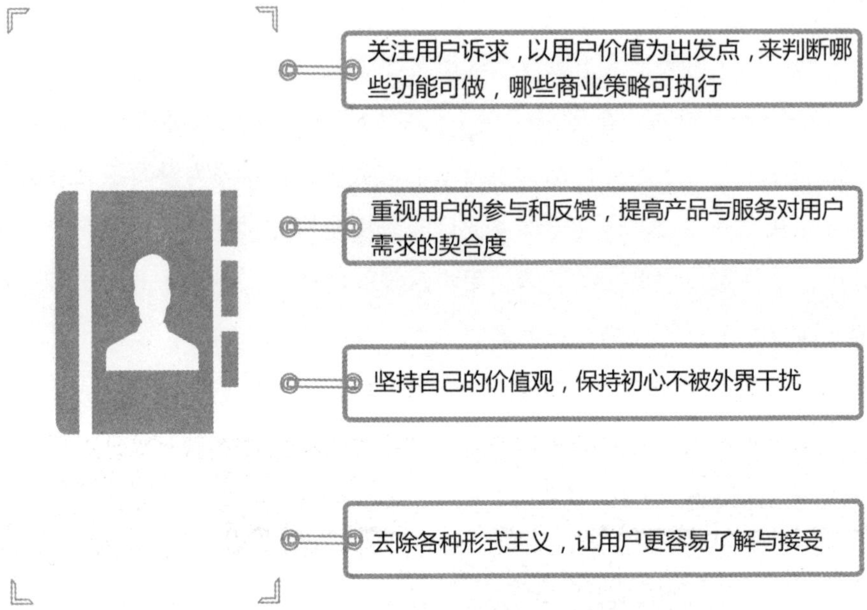

图 1-4　企业价值观与用户价值观趋于一致需注意的四点

2016 年下半年大火的摩拜共享单车，在这一点上就做得非常好。仔细分析摩拜的产品，即可发现它确实将极简主义运用得淋漓尽致，抓住了极简主义的核心本质——企业价值与用户价值的一致性。

首先，摩拜单车大受用户欢迎，就是因为它抓住了用户对最后一公里的诉求。用户上下班，下了地铁或公交，往往离家或公司都有一定的距离，但是打车回家又不符合经济需求，步行太累且需要花费太多时间。共享单车抓住并分析了用户的“最后一公里”诉求，判断共享单车是可行的商业策略。事实结果也证明摩拜的这一判断是正确的（参见图 1-5）。

其次，对于用户反馈的重视，在摩拜身上体现得尤为明显。当前，用户对共享单车的最大反馈就是“车辆破损严重，很难找到没有破损的共享单车”。摩拜单车根据用户的反馈，不断加强自身产品的质量，让用户能够随时找到完好的共享单车，可以随扫随走（参见图 1-6）。

最后，去除各种形式主义。这一点，摩拜的软件也体现得非常明显。为了给用户最简洁的操作体验，摩拜把一切多余的功能去除，用户只要打开软件，点击二维码扫描即可使用单车。在押金退款上，摩拜更是展现得淋漓尽致。一般产品的押金退款，都需要经过层层手续，且需要等待几天时间。但是摩拜单车可以随退随还，用户只要申请退款，摩拜马上就把押金退还到用户指定的账户上（参见图 1-7）。

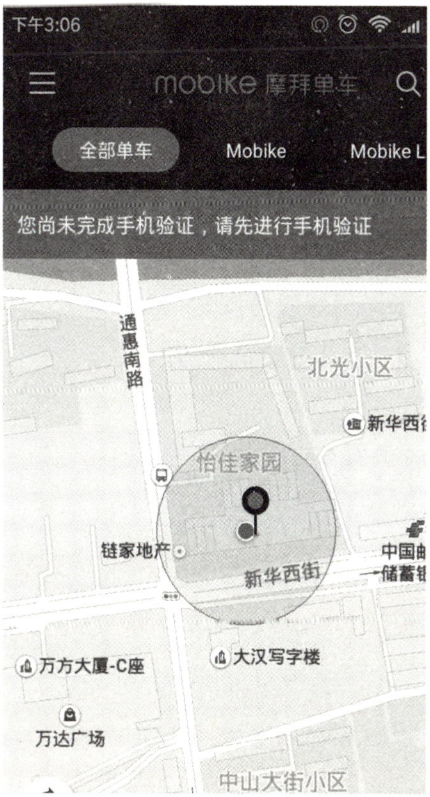

图 1-5　摩拜单车

图 1-6　摩拜单车升级后的“Mobike Lite”，质量、体验更好

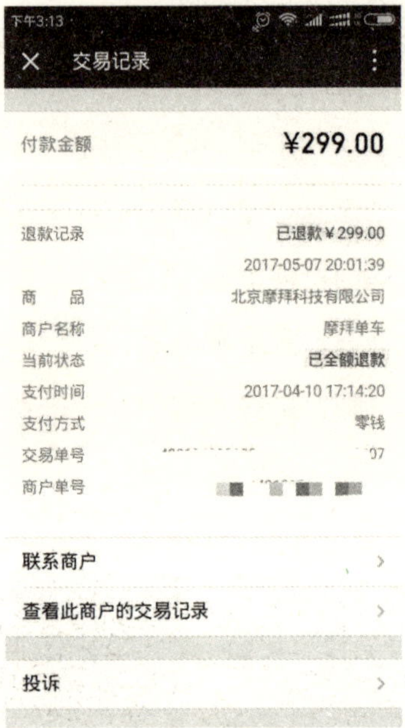

图 1-7　某用户的摩拜单车退款

摩拜能占据共享单车的半壁江山，获得用户的高口碑，就是因为它把极简主义运用到了极致，把自己的价值观与用户的价值化为一体。

本质二：管理层面

要让企业上下对营销产生共同的愿景，在营销项目、营销战略、营销计划等管理方面形成感知一致性。

也就是说，企业即使做强大了，也要对营销保持小企业时的心态，避免陷入官僚化、流程化与形式主义。譬如，企业做一个营销活动，却需要通过层层申报请批，那么再好的营销方案，也会被这复杂的流程销毁殆尽。

在这一点上，微信就做得非常出色。虽然现在微信已经是我国即时通信领域的霸主，但是微信团队依然保持着小团体的心态。在不断更新产品的过程中，始终提醒自己避免“官僚化、流程化与形式主义”，所以，微信产品才能一代比一代好，一代比一代更符合用户的需求。

本质三：传播层面

企业需要明白，好的产品并不一定需要大张旗鼓地宣传，只要产品够好，产品本身就自带营销性质，使用产品的用户会成为企业最好的传播渠道。如今是互联网时代，企业只要有产品，就能够获得优质用户；只要产品够好，就能够获得更多的用户满意度；用户满意度积累越多，口碑传播就越快。口碑是最有效果也最简单的营销方式。产品即营销，用户即渠道，企业要促进用户自感知与自传播，如此才算是达到极简主义的最高境界。

火锅品牌海底捞从来不做宣传，但是为什么分店依然能一家一家开，且每一家店都生意火爆。原因就是它抓住了极简营销传播层面的本质，把产品做好，让用户满意。

海底捞除了保持菜品上的高质，在服务体验上也不断地更新，不断发现用户在服务上的需求，然后不断满足用户需求。用户的需求被满足，得到了好的体验，自然就会为海底捞进行口碑宣传（参见图 1-7）。

图 1-7　海底捞的用户口碑宣传

1.3 极简法则：回归常识，差异聚焦

曾有人质疑："为什么越畅销的营销书越百无一用，反之亦然？为什么满嘴术语的营销人对营销就越一知半解，反之亦然？为什么乔布斯回归苹果，要立即裁员、切流程、砍产品线？"其实是互联网时代的商业魔咒所致：信息过载造成用户恐惧选择，恐惧失败，在这种心理下用户又开始从众、听取权威、看大公司，然而最后还是失败。要想破解这种魔咒，唯有极简主义。在互联网时代，极简主义的表现形式为"回归常识，差异聚焦"。

1. 回归常识：直接、简单、说"人话"

企业要想回归常识，就先要了解什么是常识。百度百科对常识的解释是：普通的知识，众所周知的知识。具体而言，可以分为三个部分。一是与生俱来，无须特别学习的判断能力；二是众人皆知，无须解释或加以论证的知识；三是对一个理性的人来说是合理的知识。

在营销中，则具体体现在三个方面。

（1）直接

企业在表现产品、使用营销手段时，不要弯弯绕绕，不要让用户经过多道程序，才能使用产品或者才懂营销活动的真正含义。

（2）简单

用户一看就懂你在说什么，且不会出现理解差异。

（3）说"人话"

企业表达的东西要来自现实，而不是"异次元空间"，展示的东西都是用户在现实中发生的，能让用户感同身受的。

京东白条曾推出一个名为“致所有憋尿前行的年轻人”的营销广告，很好地体现了上述三点。该广告的文案简单、直接，且所有内容都来自于现实，是现实中的年轻人每时每刻都在经历的。

例如，忍得了异地恋，但忍不了为了省流量不敢视频的日子；忍得了加班到深夜，但忍不了深夜回家却不敢叫加价车；已经在忍 500 的雾霾，别再让我忍 5 块钱的口罩；已经在忍合租的公用厕所，别再让我忍马桶上的茶色斑点（参见图 1-8）。文案没有过多的矫情废话，句句来自现实，句句直戳人心。用户看了难免感同身受，印象深刻。

图 1-8　京东白条广告“致所有憋尿前行的年轻人”

2. 差异聚焦：打破常规

差异聚焦是乔布斯思维中的一点，所谓差异，就是打破常规；所谓聚焦，就是把打破常规的点做到极致，并黏住用户的眼睛。《孙子兵法 · 势篇》有云：“凡战者，以正合，以奇胜。”此处的“正”与“奇”，就是指常规与非常规。“正”，是指正面作战、常规作战、大规模消耗战；

“奇”，是指迂回作战、机动作战、以计胜敌，最大限度地打击敌人、保护自己。而放在营销中，就是指当企业正面作战已经很难获得胜利或引起用户注意时，不妨采取迂回、机动的非常规战术，以“奇”制胜。

2017 年 5 月，电视剧《欢乐颂 2》引发全民追剧狂潮。网易考拉也借势这个热点，推出一个颇有意思的口播广告。与其他电商广告大打折扣的方式不同，网易考拉的广告内容是 :“安心追剧，《欢乐颂 2》播出期间，暂不打折”。（参见图 1-9）用户对此的第一个反应是 :“不是我看错了，就是网易疯了！”

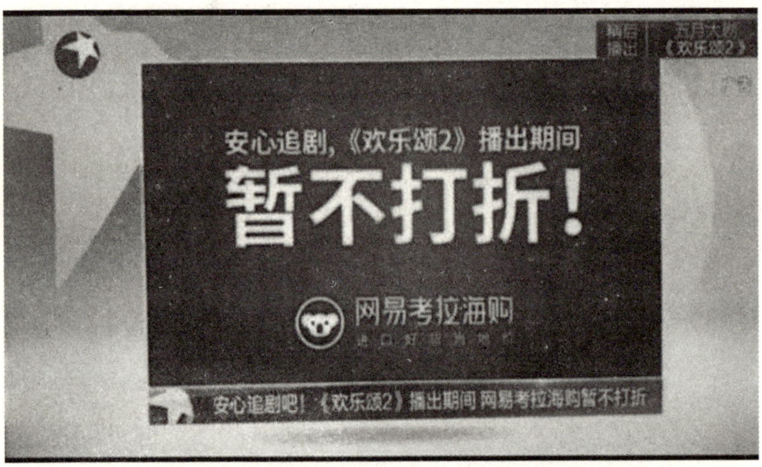

图 1-9 网易考拉“追剧不打折”的营销活动

这种与其他电商存在明显差异的营销手法，成功抓住了用户的目光，让用户因好奇继续点击。用户点击进去之后又发现 :“设计师都去看《欢乐颂》了，没有人作图了！”“工作人员都去看《欢乐颂》了，现在没有活动，9 点后再来吧！”（参见图 1-10）然后又一再强调真的没有活动，当用户因好奇看完整篇广告时，网易考拉再蹦出一句 :“要是实在想买，就看看这些！”

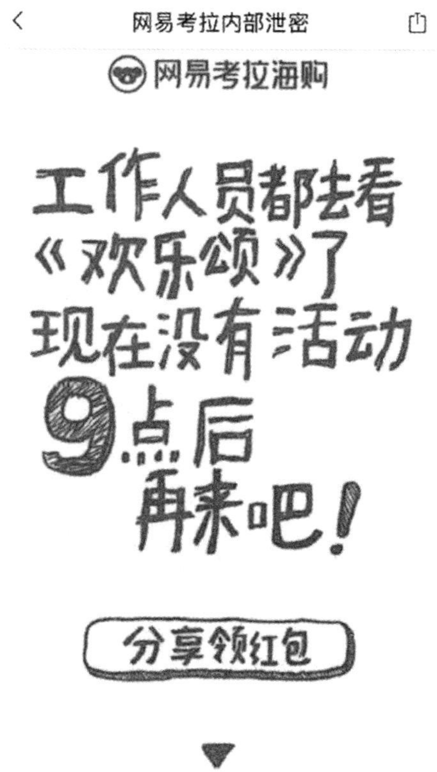

图 1-10　网易考拉“追剧不打折”的营销活动

网易考拉此次营销采取差异聚焦的方式，打破人们对电商打折的思维定势，让人耳目一新，加深了用户的印象。整体简单、直接，就几句话，用户看得懂，又觉得有意思。

3. 追求模式、技术极简

极简商业法则的第一点是回归常识，第二点是差异聚焦，而第三点就是在结合两者的基础上，追求模式、技术上的极简。什么是模式、技术上的极简？我们可以通过一个案例来了解。

北京开拓明天科技股份有限公司就是一家科技驱动、创意先行的追求产业生态化互联、模式、技术上极简的公司。开拓明天于 2006 年成立，发展至今已有 11 年，是一家以互联网模式创新，并基于商业模式定制软件、智能硬件等产品技术创新为核心，助力传统企业客户开源节流、融资扩张、快速发展的国家级高新技术公司（参见图 1-11）。

图 1-11　北京开拓明天科技股份有限公司

首先，开拓明天追求的是技术上的极简，高度专注互联网技术定制及高效项目管理，基于客户营销场景及需求快速呈现互联网技术，实现营销效果的极大化。

用简单的互联网工具助力企业信息化升级，比如 ：

一站式客户关系维护、销售团队管理、渠道管理、项目管理。

移动化的直播、一键会议分享、产品演示、企业简介、案例说明，将内容存在服务器端，节省用户手机内存。

极简互联网工具实现社群电商、代言人模型、信誉链传播、三级分销。

H5 小程序开发，跨屏营销的小游戏开发、视频内容直播等互联网高效技术及运营定制。帮助企业快速进行信誉重塑和营销裂变。

如优卡科技，垂直服务于校园服装及文化定制，目标客群如北京四中、史家小学等百余家知名中小学校。开拓明天配合优卡科技进行了商业模式的梳理、业务招商模式的构建、业务型融资、互联网 + 产品的落地实施。通过技术创新在设计师端采用标准化沟通流程，学校、家长在 PC 端、App、智能设备上通过在界面上简单的拖拽，完成设计图需求、配色、尺寸的自主选择与在线预览及下单支付，快速完成设计师制图及匹配后端生产的 S2B 柔性供应链模式，提升企业整体效率，助力企业新三板融资。

其次，模式上的极简。开拓明天专注于“互联网 +”下的新商业模式，基于商业模式伴随企业发展全过程的人力组织升级、市场运营升级、现金流升级以及融资扩张，打造产业互联的大格局。

唐山德生防水股份有限公司是唐山知名防水材料服务提供商，2014 年申报新三板挂牌，由于近两年下游房地产行业呈下行趋势以及材料服务提供商产能过剩，同质化竞争导致公司毛利较低，开始寻求转型升级。

开拓明天配合唐山德生防水股份有限公司打造“互联网 +”新商业模式，基于企业供应链属性，集成防水材料集采、供应链过程管理、供应链金融、施工项目管理、劳务信息交易及信息化升级，进行“防水找工网”的策划、设计与研发。德生防水在实行新商业模式后，提出“防水不漏、不贵，渗漏赔一百万；几千万或上亿的工程款全部换房；只换顶层房”的三句话极简销售模式，其市值提升明显，确定分批次实现 5 亿元人民币的融资额，第一期募资已经高效完成现金 2 亿融资额。

1.4 极简模式：定量选择，“傻瓜操作”

前田约翰曾说过：“在物质丰富的今天，我们并不缺少选择和功能，我们缺的是审美，我们并不是缺少产品，而是缺少好的产品、符合人性化的产品。”

当下企业都在追求新技术、新理论，把一切能抓住的新事物都添加到产品中，都运用到营销中。然而最后却发现，这些新技术、新理论并不能带给自己什么。并不是这些新技术、新理论有问题，而是企业没有抓住根本，把什么东西都往上加，最后却失去了自我。

在如今这个信息爆炸的时代，用户要的东西并不多，企业只需抓住新技术、新理论中用户需要的那一部分。记住，在大众消费市场的时代，用户喜欢简单，讨厌复杂。

1. 用户喜欢选择，但不喜欢太多选择

似乎大多数人都有选择恐惧症，当出现太多选择时，犹豫半天、琢磨许多，就不知道该选择哪一种。比如，我们在逛电商网站时，常常一逛就是好几个小时，然而到最后一个订单都没下。为什么会这样？因为电商网站给的选择实在太多了，选择完品牌，还要选款式；选择完款式，还要选择价格；选择完价格，还要选好评；选择完好评，还要看是否选择包邮。每个产品可以给用户几十、几百个甚至几千上万个选择。到最后，选择来选择去，每个产品都有，但每个产品都不完美，最后一个产品都未购买。

所以，企业在营销时，首先要考虑，你的营销模式是否会增加用户决策的难度。因为，人都是恐惧选择的，如果选择产品需要过多的脑力劳动，用户往往不愿意去选择。要明白，选择多，不一定会增加购买率。给用户一定量的选择才是正确的。

TRADER JOE’S 是一家超市，从来不打折、不促销、不做广告，也没有会员，它的品种不及沃尔玛的 1/10。但是，这完全不影响它的销量，单位面积额超过同行业两倍（参见图 1-12）。

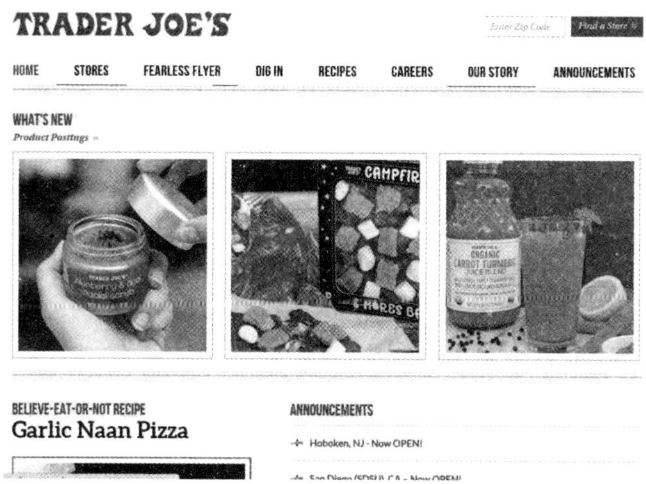

图 1-12　TRADER JOE’S

它的成功不是来自于销售产品，而是“选择”。每一个品类的产品最多提供 3 个选择，3 个选择都是在经过深度调查后得出的结果。其有 3 个特点：一是用户最喜欢；二是在其他店铺很难买到；三是价格低。因为选择少，单品进货量就大，可以拿到比其他超市品牌更低的进货价格。

2. 用户喜欢“傻瓜操作”

开头就说过，用户讨厌复杂，如果要看 10 遍使用说明书才能懂得操作的产品注定是失败的。营销也是如此，如果用户看了一遍又一遍也不明白你在说什么，那么这个营销注定也是失败的。所以，企业在做设计产品或营销时，要考虑到“操作步骤是否会增加用户操作难度”。

微信红包为什么会受用户喜欢？因为用户看得懂，这是类似于中国人发红包的一个功能，只是从线下换到线上。用户为什么喜欢不断使用？因为操作非常简单，只要输入金额，再输入密码即可发送红包（参见图1-13）。也就是说，微信红包通过极简主义做到了“傻瓜操作”，所以才会获得用户的青睐。

图 1-13　微信红包

3. 时间碎片化，能省一秒是一秒

在如今这个时间碎片化越来越严重的时代，用户很难有大片时间去完成一件事，他们趋向于在短时间内就接受一个信息、完成一个产品的操作。针对用户这一特点，企业的产品或信息只有做到极简，帮助用户减少使用时间，才能被用户所接受。即使只比同类产品快上一秒，也能从众多的产品中脱颖而出。

现在越来越多的读者喜欢去《罗辑思维》买书，而不是去当当、亚马逊、京东图书这种大型图书电商平台。为什么？因为这些平台没法帮助用户减少时间，除非用户事先确定要买哪种图书，否则就要经过重重比对、层层筛选，花费大量的时间，才能完成购买行为。但是《罗辑思维》不同，在《罗辑思维》买书的用户，都是先看过《罗辑思维》这个节目，知道它的思想与自己的思想一致，其推荐的图书是符合自己的思想和需要的。用户认为他所有推荐的图书都是自己想看的书，无须进行多番比较、查看，直接就可以购买下单（参见图 1-14）。

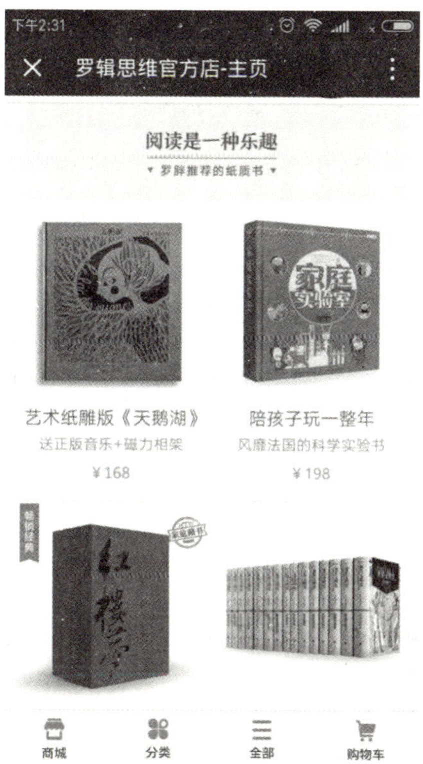

图 1-14　罗辑思维官方店

1.5 极简目的：打造爆品，创造利润

不管企业采用何种营销思维，执行哪种营销方法，其终极目的都只有一个，就是打造爆品。什么样的产品才能称之为爆品？爆品与畅销品是有区别的，畅销品是区别于一般产品而销量非常好的产品。但是爆品不只如此，其不但能持续畅销，同时会得到用户一致的追捧，可以作为拳头产品帮助企业创造更多的利润。比如，QQ、微博、微信等产品就属于爆品。

如今，市场竞争激烈，产品同质化现象严重，企业生存越来越困难，打造属于企业自己的爆品是每一家企业都需要追求的目标，极简营销也是如此。不论极简营销包含哪些概念、哪些方法，其目的都是为打造“爆品”而存在。

1. 不要让我想，不要让我烦

使用极简主义打造爆品的第一个点就是“不要让我想，不要让我烦”。主要体现在以下三个方面（参见图 1-15）。

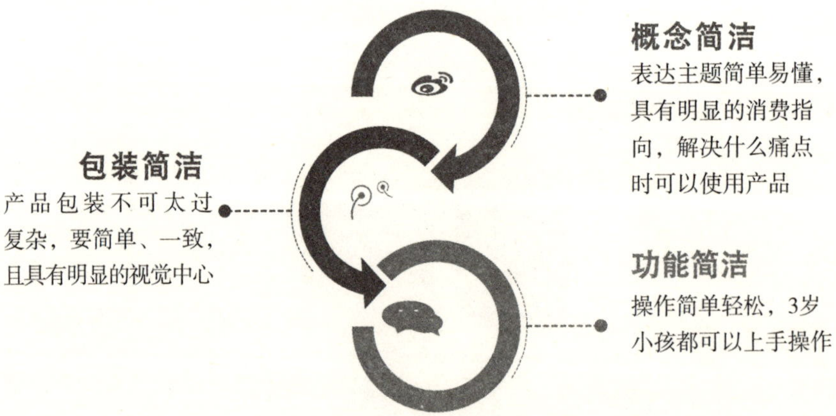

图 1-15 极简主义下的爆品三大特征

极简主义下的爆品是要懂得用户内心的产品，是能够深度体贴用户的产品，无须用户进行过多的思考，可以帮助用户省去一切麻烦。

显然，微信就是属于这样的爆品。微信一致贯彻着张小龙的“极简主义”，不让用户想，不让用户烦。

首先，包装简洁，也就是产品界面简洁。没有过多的设计，首页就是微信、通讯录、发现、我四个子自栏目。虽然子栏目简单，但隐藏的功能却不简单。譬如“我”这一栏目，就包含相册、收藏、钱包、卡包、表情、设置等功能（参见图 1-16）。而打开“钱包”功能就像打开了一个新世界，包罗万象，用户需要的都包含在内。可谓真正做到了“简洁不简单”！

图 1-16　微信界面

其次，概念简单，微信强调自己是“一个生活方式”（参见图 1-17）。也就是说，微信改变人们的生活方式，概念表达很简单，用户很好理解。但其内涵却不简单，因为与人们生活方式相关的事物太多，而微信要改变人们对这些事物的使用方式。

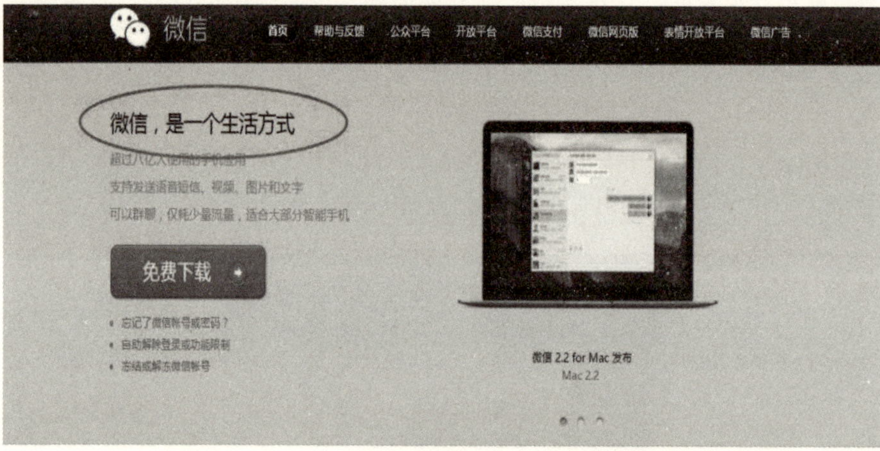

图 1-17　微信概念宣传语

最后，操作简单。这一点，微信体现得更为明显。不管是哪一种功能，都采取了最简单的操作。比如发朋友圈，用户只要长按“照相图标”就可以随意输入文字，然后点击发送，两个步骤就完成发朋友圈的行为（参见图 1-18）。用户一看就知道如何操作。现在下至 6 岁儿童，上至 60 岁老人都在使用微信就足以证明这一点。

总而言之，微信之所以能成为爆品，与之使用的“极简营销”思维分不开，可以说，与苹果一样是极简成就了微信。

图 1-18　微信朋友圈发布

2. 只做专科大夫

极简主义下爆品的第二个特征是“聚焦单一”。企业只需要做专科大夫，产品只需要解决用户的特定痛点，保证效果显著有效即可。主要体现在以下几个方面（参见图 1-19）。

换一个角度理解，极简主义下爆品的单一聚焦表现的就是“极轻”，唯有轻，才能简洁，才能快速传播。

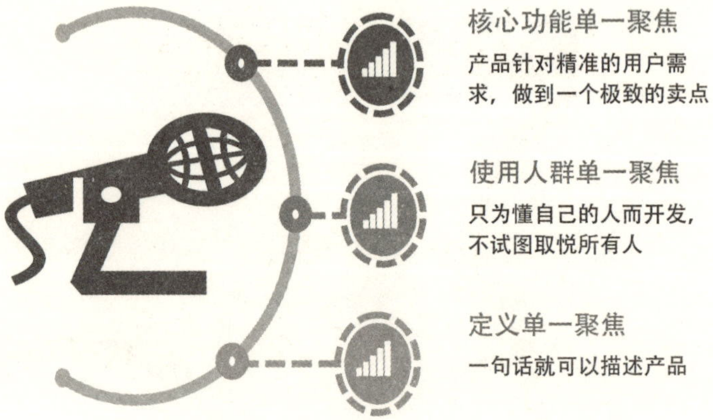

图 1-19　极简主义下爆品的单一聚焦三大体现

知乎就很好地体现了极简主义“单一聚焦”的特点，它就像是一个专门解决用户各种疑问的专科大夫。首先，核心功能单一聚焦。知乎是一个专业的知识问题平台，帮助用户解决各种各样生活、工作上的疑问。其次，使用人群单一聚焦。知乎的用户只针对高知识分子，有专业知识需求的用户。最后，定义单一聚焦。前两项就体现了这一点，知乎的定义描述（参见图 1-20），简单、直接，一句话就让用户知道自己是做什么的。

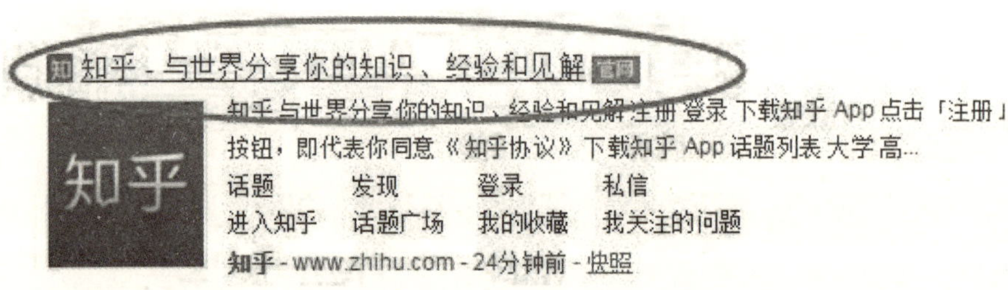

图 1-20　知乎的一句话定义

3. 不断超出预期

极简主义下的爆品要体现极致，而体现极致的方式就是“不断超出用户的预期”。其主要体现在三个方面（参见图 1-21）。

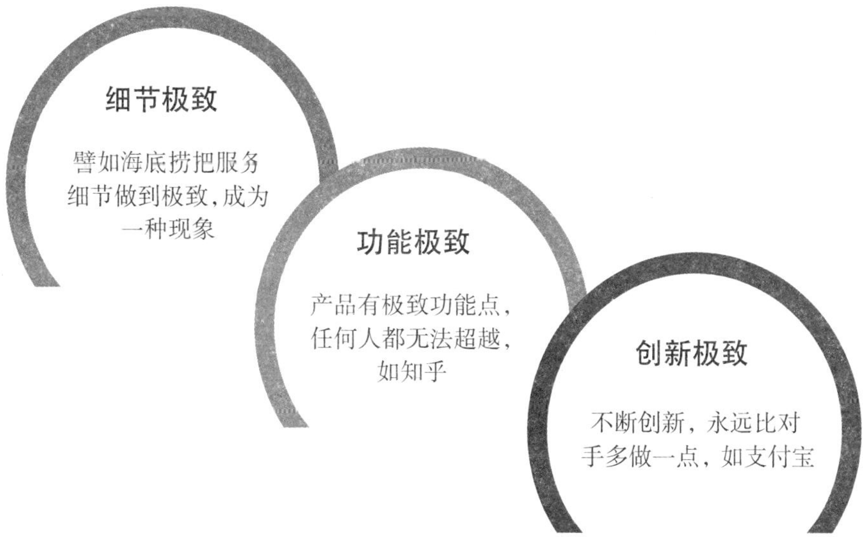

图 1-21　极简主义下的爆品需体现三个方面

极简主义下的爆品不用全方位发展，只需要抓住一个点做到极致即可，不管是细节，还是功能，或者是创新点都可以。不断地深入，不断地挖掘尖叫点，超出用户的期待，达到极致，就能成为爆品。

2

CHAPTER

需求：令人满足的不是产品数量

投放的产品越来越多，社交类、视频类、美图类、旅游类……各种各样，五花八门。但是，用户真的需要这么多产品吗？为什么用户最终只选择了一款产品？为什么只有少数产品能够成功？因为，用户需要的不是产品数量，而是最能满足自己核心需求的产品。

2.1 分离杂乱表象，找到需求核心

对企业来说，什么才是用户真正关心的核心？营销究竟要做好哪些工作，才能既快又好地符合用户的要求，从而达到应有的效果？

任何营销在启动之前，总是要面临各种各样的需求。而初创企业通常资源有限，所以营销一旦无法产生效果，就会对后续发展产生极大影响。因而，抓住用户核心需求至关重要。那么，企业如何才能从杂乱的需求表象中，提炼出真正需要针对的核心点，进而获得用户满意呢？

1. 反问思考法

企业在寻找用户核心需求时，通常都会遇上这样一个问题：面对众多没有针对点的需求，一般是采取一条一条过的办法进行筛选，往往自己心里没有底，无法确定这个需求重不重要，是否是必须满足的。

遇上这样的问题时，就可以采取反问思考法。反问思考法，是指面对一条功能描述时，首先要反问："增加这个功能对产品、对营销有帮助吗？可以解决用户哪些痛点呢？不加它会产生什么损失吗？"如果思考半天还找不到答案，那么就可以确定根据这一需求设计的功能是没有必要的，可以将之删除。

以微信"群聊功能"为例，微信为什么要增加这一功能（参见图 2-1）？这对提高微信的下载量、使用率有帮助吗？显然是有的。微信的核心功能是"聊天"，但是最开始，微信只能进行一对一聊天。可人是群居动物，每个人都有属于自己的朋友圈，需要有一个空间，可以让身边认识的朋友都聚在一起。

微信"发起群聊"功能解决的是用户"需要和多人进行聊天"的需求。添加"群聊"之后，微信的使用率确实在提升，每个用户都在几个甚至几十个群里进行聊天。也就是说，添加这个功能并不会给微信造成损失，反而会提升微信的用户黏性。所以，微信可以把"群聊"确定为用户的核心需求之一。

图 2-1　微信"发起群聊"功能

2. 80/20 法则

80/20 法则，又称为帕累托法则、帕累托定律、最省力法则、不平衡法则或犹太法则，是约瑟夫 · 朱兰根据威尔弗雷多 · 帕累托对意大利 20% 的人口拥有 80% 的财产的观察而推出的。该法则运用非常广泛，除了财务、管理、营销、投资等各个方面可以使用，企业在寻找核心需求时，也可以运用该法则。

80/20 法则应用在核心需求上，就是花 80% 的时间去解决的问题，构成用户的核心需求，剩下的 20% 直接放弃。

英语流利说在寻找用户的核心需求时，就是采取的这种办法。最开始，英语流利说是一款单纯的英语口语练习软件，专门解决用户英语口语练习的痛点。在发展的过程中，英语流利说发现了用户更多的需求，例如，韩语、日语、德语等方面的需求。

因此，英语流利说针对这些用户需求，添加了韩语、日语、德语等新学习功能。在运行半年之后，英语流利说发现，这些功能的使用者并不多，80% 的用户还是在练习英语口语。所以，最后决定放弃只解决 20% 需求的这些功能，集中资源对拥 80% 用户需求的英语口语练习进行深入开发。

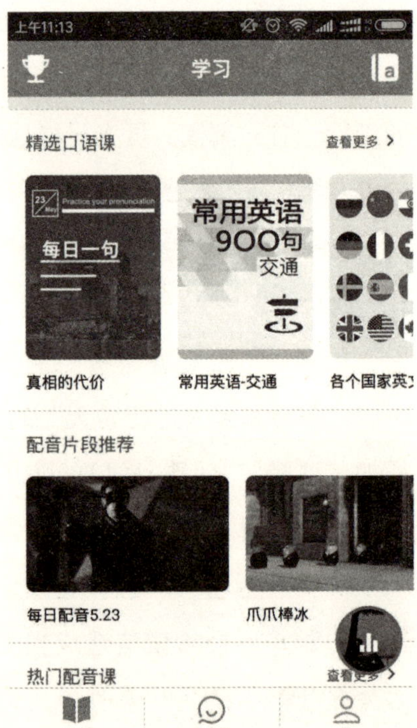

图 2-2　英语流利说的“各种英语口语练习功能”

3. 场景分析法

对于核心需求的分析，业界一般采取两种方法：一是用数据；二是用场景。但是前者有一定要求，没有实力与资金的企业很难进行准确的需求分析。一般只有大企业才有自己的数据部门。小企业，特别是初创企业在资源有限的情况下，数据系统可能并不完善。此时要找出用户的核心需求，只能通过场景。

（1）做场景分析前需想清的问题

企业在做场景分析之前，需想清楚以下三个问题（参见图 2-3）。之后，企业在阐述这些问题的答案时，也要阐述清楚：你做的是什么东西，为什么要这么做？它会有哪些用户？这些用户分别会在什么场景下使用它？为什么使用它？怎么进行解决？

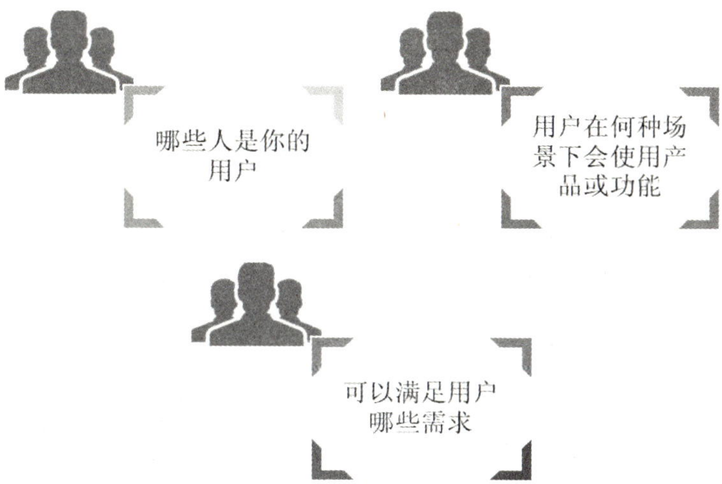

图 2-3　使用场景分析前需想清的三大问题

（2）场景分析的思考过程

在进行场景分析时，企业可以按照以下过程进行思考（参见图 2-4）。

图 2-4　场景分析的思考过程

例如，OPPO R 系列手机，其确定的核心需求是“拍照”，那么它是如何通过场景分析来确定核心需求的呢？

首先，考虑哪些人会成为自己的用户？爱拍照的用户。

其次，用户在什么场景下会使用“拍照功能”？自拍或外出旅游的场景下。

最后，OPPO R 系列可以满足用户哪些需求？拍照功能每个品牌的手机都有，为什么 OPPO R 系列手机可以将这个功能作为核心功能，并使之成为产品畅销的关键？

其实，大多数手机拍照功能设计得都不够完美，如拍照不够清晰、构图不好、图片颜色不好等，大多数手机品牌都难以充分满足用户的这个需求。但是，用户对“拍照完美”的需求又这么强烈。所以，OPPO 手机才敢把“拍照”确定为用户的核心需求，并以此把“拍照”打造为 R 系列的核心功能（参见图 2-5）。

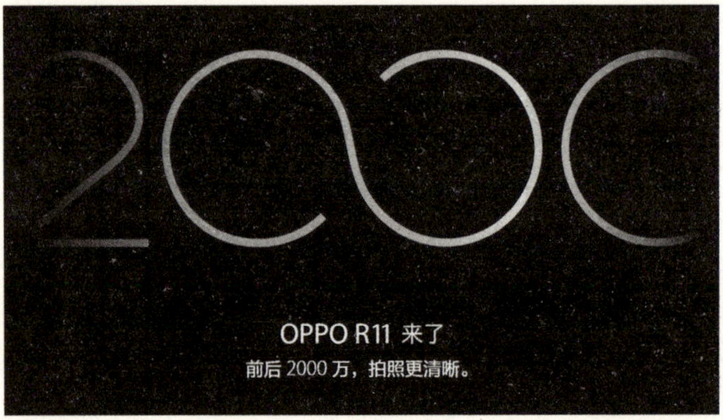

图 2-5　OPPO 最新的 R11 手机再次以“拍照”为核心功能

4. 对比法

什么是核心需求？也许大多数企业都不太了解。我们可以通过软硬对比的方式，来了解什么样的需求是核心需求。

硬需求，是指用户必须要满足的需求，比如，一款社交产品如果没有好友互动的功能，那么就不能成为一款社交产品。软需求，则是指可以满足或不满足的需求。这个需求不满足，用户还是会继续使用该产品，但是如果满足了，用户的满意度可能会上升。就像是漂流瓶，并不是所有社交产品都有这个功能，但是喜欢玩漂流瓶的用户就会对拥有漂流瓶功能的QQ 更加满意。

随着极简主义的盛行，产品的第一个版本上线之初都是满足硬性需求的，而用户软需求的满足是在产品迭代、升级过程中逐步完善。需要注意的是，有些软需求可以给用户带来惊喜，但有些软需求的频繁更新则会影响用户的核心功能体验，从而造成用户的流失。

2.2 用马斯洛理论找到对应需求

马斯洛需求层次理论是人本主义科学理论之一，是美国心理学家亚伯拉罕 · 马斯洛提出的。马斯洛把人的需求分成五种：生理需求、社交需求、安全需求、尊重需求、自我实现需求。

这五种需求，依次由较低到较高层次排列。一般认为："人如果处于一个缺乏食物、安全、社交、尊重、自我实现的环境中。食物的需求是最强烈的，其他需求就不重要了。因为此时人的意识已经全部被饥饿所占据。在这种极端环境下，人们能想到的就是吃，其他什么都不重要。唯有解决了吃的问题，也就是生理需求之后，人们才会生出更高级的、社会化程度更高的安全需求。"

同理而言，企业在寻找用户的需求时，也可以运用马斯洛需求层次理论，根据用户不同层次的需求进行营销活动。

1. 营销中的马斯洛需求五层次

马斯洛需求分为五个层次，这五个层次在营销应用中有不同体现（参见图 2-6）。

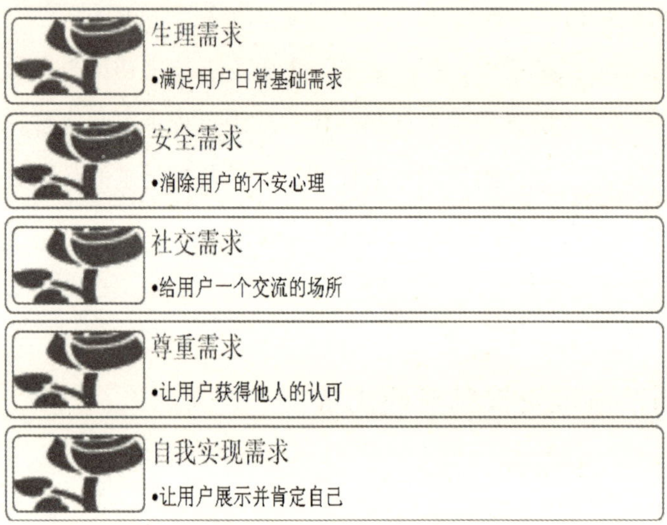

图 2-6　产品营销中对应的需求

（1）**生理需求：满足用户日常基础需求**

对企业而言，马斯洛生理需求，对应的就是满足人们日常生存和生活的日常基础需求，譬如吃穿住行。如果企业连这点都无法满足用户，那么用户是绝对不会选择企业的产品。像基于美食的美团，公交指南的百度公交，提供生活综合服务的 58 同城，都是属于满足用户的日常基础需求。

（2）**安全需求：消除用户的不安心理**

安全需求，是指用户对健康的担心、对贫困的恐惧、对无知的忧心，都是缺乏安全感的表现。因而在安全感匮乏时，用户的内心驱动会促使自己去获取安全感。也就是说，用户只有感觉到企业的产品环境是安全的，才会使用。

那么如何理解产品的安全环境呢？比如，用户需要了解产品的规则不能随意变化，需要公开透明。

譬如用户在美团得到了对美食评论的基本需求时，如何才会促使用户继续购买优惠券呢？那就是美团能给用户一个安全的保证，购买的这个优惠券保证可以使用，需要退款时，可以保证退款。如此，用户的利益有了安全保证，才会去购买（参见图 2-7）。

图 2-7　美团网给用户的安全保障

（3）社交需求：给用户一个交流的场所

社交需求，是指包含友情、爱情、亲情等多个层次，处于马斯洛需求理论的第三层，是比例比较大的一个群体的必备需求。其可以分为熟人社交、陌生人社交、职场社交。比如 QQ、微信、微博、陌陌等，就是满足用户社交需求而设计出来的产品。

除了本身就是以满足社交需求为核心功能的产品外，其他原先不是社交类的产品，也在追求社交化。因为社交化是提升产品使用率、增强用户黏性的一个最好的方式。如支付宝，原先只是一款金融产品，但为了提高用户的使用率、在线时间、用户黏性，也推出了社交功能（参见图 2-8）。

图 2-8　支付宝的社交功能

(4) 尊重需求：让用户获得他人的认可

每个人都有被尊重的需求，都喜欢展现自己，获得他人的认可。每一个人的尊重与被尊重都存在于社交网络的交流互动之中。所以，尊重需求可以与社交需求进行有效的结合。

譬如 QQ，它之所以能赢利，并不断地增加用户，就是抓住了用户的尊重需求。QQ 通过设计各种会员，如黄钻、绿钻、红钻、蓝钻，让用户拥有和别人不一样的权利，从而产生优越感（参见图 2-9）。

图 2-9　QQ 会员

(5) 自我实现需求：让用户展示并肯定自己

自我实现需求，属于最高层次的需求，是指人们对自己的表现或者获取的成绩非常满意。为什么知乎中有那么多专业人士喜欢解答别人的问题，而且是在无报酬的情况下。因为在帮助别人的同时，也可以实现对自我的肯定。

在一定程度上，炫耀也可以理解为自我实现的外在表现，虽然存在一定的主观性。比如微信朋友圈，用户喜欢在朋友圈中晒图片、晒旅游照，就是存在一定程度的炫耀心理，可以理解为自我实现需求的外在展示。

2. 马斯洛需求与用户需求的三大规律

马斯洛的需求五层次与用户需求之间，存在以下三种规律（参见图 2-10）。

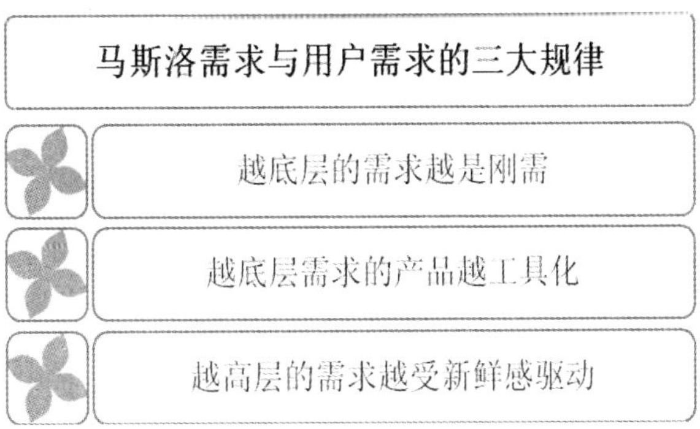

图 2-10　马斯洛需求与用户需求的三大规律

规律一：越底层的需求越是刚需

一款产品是否能够持续畅销，关键是看其解决的需求是否用户的刚需。所谓刚需，就是刚性需求，也就是指需求是硬性的，是必须满足的。与之相对应的就是弹性需求，是用户在某个特定场景下才会产生的需求，是可以选择，而不是必要。

根据马斯洛需求理论，生理需求，也就是吃穿住行是最底层的需求，属于刚性需求。所以，要让自己的产品能够持续畅销，并大范围覆盖，其针对的需求必须是刚需。

就像是外卖软件能成为爆品，被用户广为认可，其原因就是解决用户的刚需问题。特别是针对上班族而言。一日三餐一直是上班族的痛点，从家里带饭，要早起做饭，或者留前天晚上做好的饭菜，先不说饭菜是否新鲜，是否有时间做饭就是一大问题。所以，上班时间的吃饭问题就是这类用户的刚需。如，饿了么、美团外卖、百度外卖其针对的就是用户吃饭这一种刚性需求。

规律二：越底层需求的产品越工具化

根据底层需求设计出来的产品，几乎很难在短时间内造成大轰动。就像是针对生理需求的美食、租房、公交应用等产品，就很难像摩拜单车这种产品一样，在短时内造成大影响。但是，因为是用户的生理需求，而生理需求是很难发生改变的，所以因这些需求而产生的产品会偏向工具化。工具化的产品虽然无法造成大轰动，但是用户黏性极高、生命周期也较强。

规律三：越高层的需求越受新鲜感驱动

这个新鲜感可以从两个方面来看：一是从正面来看，根据新鲜感设计而来的产品，比较容易扩散与裂变，可以在短时间内获取庞大的用户量，如一些直播产品；二是从负面来看，很难形成黏性，用户留存无法保证。

因而，基于新鲜感的需求形成的产品，企业需注意三点：一是考虑得更加长远；二是未来如何持续吸引用户；三是如何保证用户的黏性。

2.3 用寻痒工具找到用户痒点

很多企业都在疑惑，自己的营销活动做得这么好，产品设计得真么棒，为什么产品还是卖不出去？其实，就是因为企业营销没有找到用户的一级痒点。隔靴搔痒挠不到实处，用户自然不会去购买企业的“挠痒产品”。就像是你口渴了，旁边的商店只卖让人越喝越渴的酒，而不是止渴的水，那你还会进去买东西吗？

要做好营销，就是要寻找用户的一级痒点，找到了痒点，企业就可以采取最简单的方式达到做好的营销效果，真正实现极简营销。

寻痒工具一：找风口

什么才是用户的一级痒点，企业的营销如何才能挠到用户实处？找风口是一个好的工具。从用户的角度思考，风口其实是属于国民性的痛点，是大多数用户都会产生的痒点。

企业可以从以下三个角度判断自己找到的痒点是否属于风口（参见图2-11）。

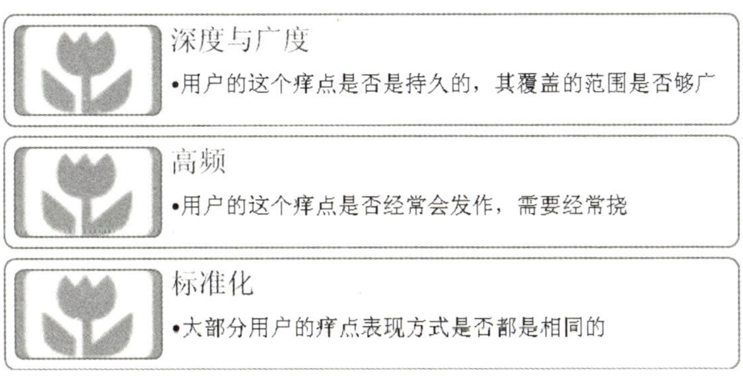

图 2-11　判断痒点是否是风口的三个方法

京东图书是图书电商行业中的后来者，远比当当图书、亚马逊起步晚，但现在京东图书已经与它们三分天下，分割图书市场。京东图书能够迅速崛起，其原因就是抓住了风口，也就是国民性的痒点。

中国发展迅速，人们的文化素质水平也在不断提高，对于阅读的需求也就越来越重。自古以来，“读书”就是人们最为看重的部分，但是“读书”贵也是问题。别说在古代，即使是生活富裕的现代，图书购买也是一笔不小的开支。

显然，京东图书抓住了这一点，除了日常指满就减的活动，还设置了图书勋章日，让用户可以根据会员级别领取优惠券（参见图 2-12）。活动本身额折扣价再加上优惠券，用户购买图书的费用就大大减少，平均而言，一本图书只花费 10 元左右。

图 2-12　京东图书勋章专享券

也就是这样的高性价比，每到图书勋章日，用户都会蜂拥而至，抢购图书。京东图书也借着这一点，迅速提升自己在图书市场上的占有率。

寻痒工具二：金字塔

用户的痒点，就像是一个金字塔，是有分层级的，最顶层的痒点就是用户的一级痒点。只有找到大规模拥有一级痒点的用户，才能产生大规模的营销效应。那么，如何判断哪个痒点是处于金字塔顶端呢？可以从以下三个方面入手（参见图 2-13）。

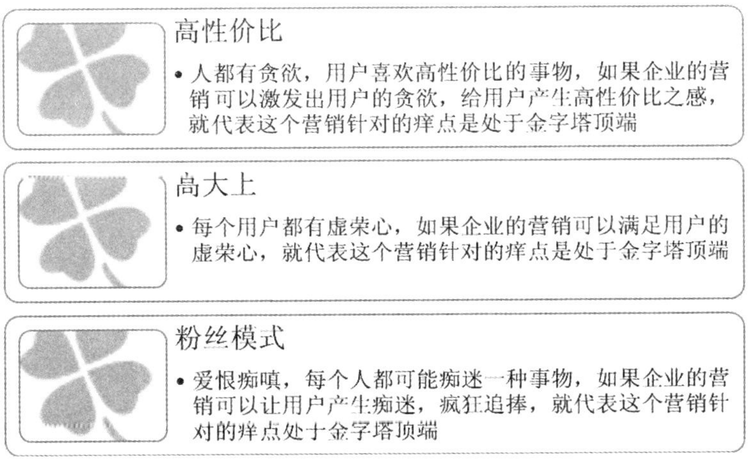

图 2-13　判断痒点是否处于金字塔顶端的三个方面

依然以京东图书为例，京东图书之所以能受到用户欢迎，显然它抓到的痒点就是处于金字塔顶端。

首先，高性价比。这一点我们从上文的描述中就可以明白，京东图书的高性价比正是激发用户购买欲的关键所在。其次，高大上。这一点从京东图书勋章日的优惠券可以看得出来。不同等级的会员所能领取的优惠券是不同的，等级越高领取的优惠券额度越大，而京东图书等级提升是依靠购买率来评判的，这一点极大地满足了用户的虚荣心。最后，粉丝模式。图书爱好者们，时时刻刻都在关注京东图书，并期待勋章日的到来，希望能在这一天购买到最高性价比的图书。

寻痒工具三：大数据

对于企业而言，大数据是寻找痒点最好的武器。面对中国 14 亿人口的庞大用户群，谁能通过大数据把握住用户的某个共同痒点，谁就能掌握营销规则。在进行大数据挖掘时，需要注意以下四个关键维度（参见图 2-14）。

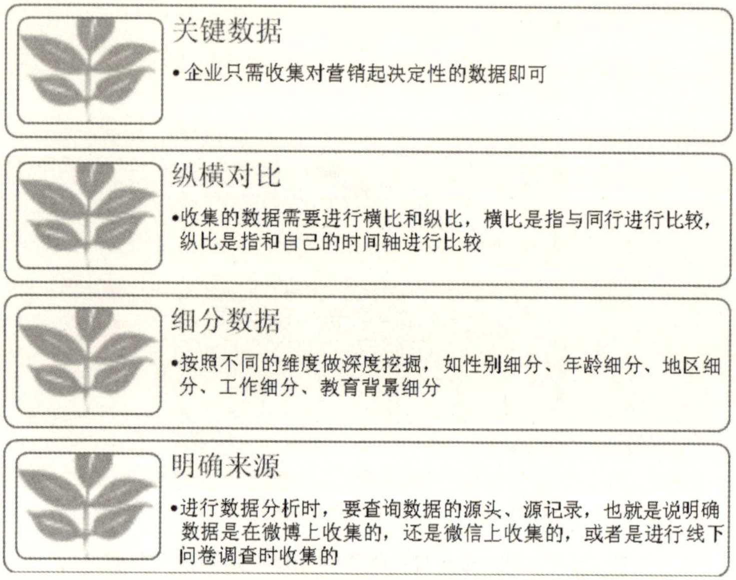

图 2-14　进行大数据分析时需注意的四个关键维度

例如，在 2016 年迅速火爆的交友软件探探（参见图 2-15），在如 QQ、微信、陌陌等众多社交软件巨头的包围下，还能异军突起，就是因为它抓住了其他社交软件没有抓住的用户痒点。用户在网络社交方面的痒点是什么？就是无法找到颜值适当的对象，常常会因为一方对另一方颜值不认可而产生尴尬，浪费交流的时间和精力。

人都是爱美的，网络社交也是如此，但是往往“网络很丰满、现实很骨感”。探探正是抓住了用户“看脸交往”的痒点，才能迅速火爆。

探探能抓住这个“痒点”，就是依靠大数据。首先，只收集关键数据。探探把目光放在了年轻用户在网络社交方面的数据上。其次，纵横对比。先把收集到的数据与陌陌、QQ 这些社交软件公布的数据进行对比，分析其中的异同点，再把自己不同时间段收集到的数据进行对比。最后，细分数据。这一点每个企业在做数据分析时几乎都会用到，就是把收集到的数据进行细分后再进行分析，探探的用户大多数是年轻男女，一二线白领居多。

图 2-15　“看脸交往”社交软件探探

2.4 用 Kano 模型确定需求优先级

寻找用户需求不是问题，问题是如何确定哪个需求是核心，哪个需求是次要，也是说如何确定需求优先级。当企业在无法确定需求优先级时，不妨尝试通过 Kano 模型来对用户的需求进行分级。

Kano 模型是东京理工大学教授狩野纪昭发明的对用户需求分析、分类和需求优先排序的模型，以分析用户需求对满意度的影响为基础。该模型是狩野纪昭受行为科学家赫兹伯格的双因素理论影响，在 1984 年首度提出。

1.Kano 模型用户需求三定义

Kano 模型对用户需求进行了三个层次的定义（参见图 2-16）。

图 2-16　Kano 模型的三大需求定义

（1）**基本型需求**

基本型需求，是指用户对企业提供的产品或服务的基本要求，是用户认为产品或服务必须具备的属性与功能。与其属性与功能无法满足用户需求时，用户就无法产生出满意感。但即使满足了用户需求，用户也不会对此产生满意感。对用户而言，基本型需求就是必须满足的，是理所当然的。

比如，手机拍照功能的需求，拍照是用户对手机的基本型需求。大多数手机品牌都能满足，但是用户对这些提供拍照功能的手机品牌并不会产生满意感，而是认为手机本身就需要具备拍照功能，这是理所当然的事情。但是，一旦某个品牌的手机没有拍照功能，用户就会对此大为不满，将之从自己的选择范围中剔除。

（2）**期望型需求**

期望型需求，是指用户满意度与需求的满足程度成比例关系。期望型需求是用户要求企业提供的产品或服务较同类产品出色，企业提供的产品或服务超出用户期望越多，用户的满意度就越高，反之亦然。

OPPO R 系列手机一直能被用户追捧，就是因为其提供的拍照功能，超出用户的期望太多。相比于同类收集，OPPO R 手机的拍照更清晰、更好看，已经超出用户对一般手机拍照功能的期望程度（参见图 2-17）。

图 2-17　OPPO R9S 的拍照功能

（3）**兴奋型需求**

兴奋型需求，是指用户要求企业提供一些出乎意料的产品属性或服务行为，让用户产生惊喜。如果企业能满足用户的兴奋型需求，即使基本型需求或期望型需求无法充分满足，用户也会对企业的产品产生满意感，从而提高用户的忠诚度。

如 OPPO 手机的充电功能，就属于满足用户的兴奋型需求。相比于其他手机品牌，性价比比不过小米、流畅度比不过苹果、实用性比不过华为，但用户对其的满意度依然很高。其原因就是它的充电与拍照功能，给了用户惊喜。如充电功能，相比于其他手机需要两个小时甚至更多时间才能充满电，OPPO 只需要充电 5 分钟（参见图 2-18）。

图 2-19　OPPO 手机闪充功能

2. 不同需求，不同对待方式

在满足用户需求的优先级上，企业要优先满足基本型属性的需求，其次是期望型需求，最后才是兴奋型需求。以此（参见图 2-20）来确定用户需求满足的优先级。

根据图中的分析，蓝色箭头（下）一旦实现一定数量的必需功能，用户就无论如何都不会因为企业增加新的基础功能而提高满意度；绿色箭头（中间），期望型的功能与用户满意度是呈线性增长，企业增加的期望型功能越多，用户满意度越高，所以满足期望型需求的功能越多越好；红色箭头（下），只要企业满足用户一点点的兴奋型需求，就能迅速提高用户的满意度，所以现在的企业都坚持创新作为自己的价值观。

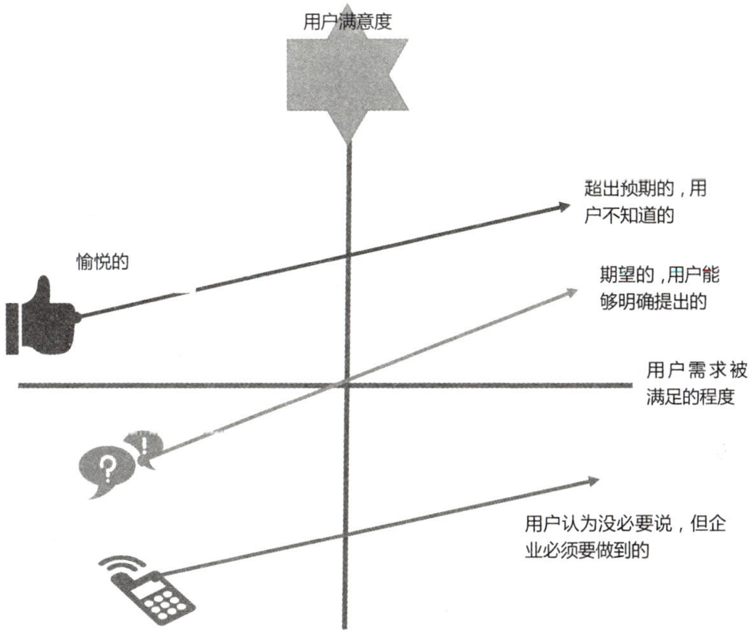

图 2-20　需求层级满足

根据以上分析，企业就可以针对这三类需求进行区别对待（参见图 2-21）。

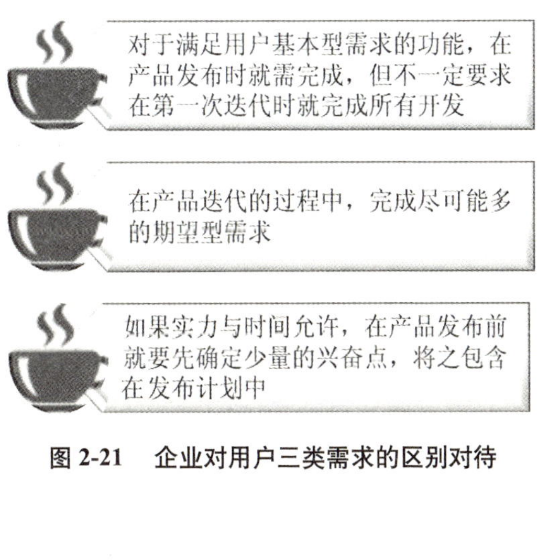

图 2-21　企业对用户三类需求的区别对待

例如，饿了么，就是根据这三类需求进行产品功能设计。首先，订餐功能，是用户对外卖软件的基本需求，这一点饿了么在产品发布之初就已经满足；其次，在饿了么发展的过程中，不断增加用户期望的功能，如定期举行减免活动或红包活动，每次订餐可以减免几元不等的订餐费（参见图 2-22）；最后，每隔一段时间就推出一些能让用户感到兴奋的功能，如拼单（参见图 2-23）。

图 2-22　饿了么定期举办优惠活动

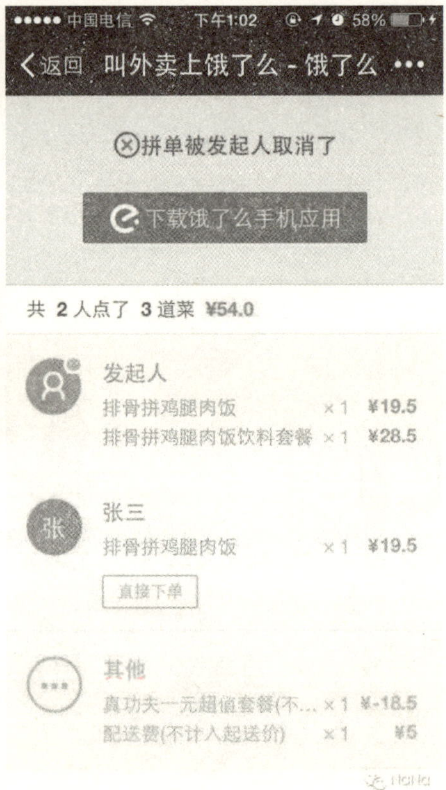

图 2-23　饿了么拼单功能

通过这种不同需求，不同的对待方式，饿了么虽然是外卖行业的后来者，但现在已经与美团外卖、百度外卖三分天下，甚至一度领先。

2.5 辨别需求本质，找到强需求

所有高涨的需求其实都是潜藏的需求，并不是新产生的，它们只是在条件允许的时候被放大、被发现。就像是移动互联网，互联网是一种新的技术，不是新的欲望，但却是需求推动了互联网技术的发展。因为互联网技术更容易满足人类内心的深处的诉求。因此，企业在为产品做营销时，要想用最简易的方式、最低的成本达到最大的效果，就要学会找到用户真正的需求。不过，有不少企业在寻找需求的过程中，常常被伪需求迷了眼，没有找到用户真正要的是什么。

1. 四个问题，辨别需求本质

什么是伪需求？如何才能辨别某个需求是真需求还是就伪需求？企业可以从需求的本质入手（参见图 2-24）。

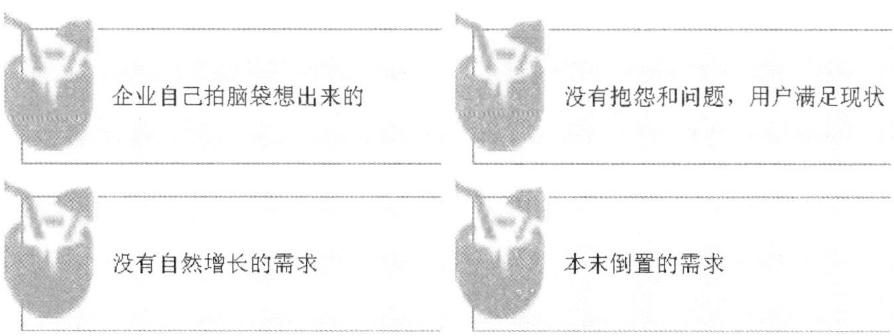

图 2-24　判断需求本质的四个标准

（1）企业自己拍脑袋想出来的

有些企业认为自己也是用户，自己有的需求用户肯定有。但是正所谓“当局者迷”，企业往往无法从更为客观的角度去看待需求问题，因而常常导致营销效果达不到预期。真正的需求，绝不是企业自己拍脑袋想出来的。

（2）没有抱怨和问题，用户满足现状

当前的技术或产品已经可以充分满足用户，而新的技术与产品又没有提供超过他们迁徙成本的好处，因而，用户满足于现状，没有新的需求。这类需求隐藏得很深，但是从本质上来说，很可能转化为真正需求，只是需要市场时机、技术积累与用户习惯合理达到的一个临界点。

比如，在线支付出现以前，人们已经对传统的支付方式表示满足，因为大家都是这样支付，所以很多企业认为用户对支付已经没有需求。但是随着互联网的发展、电商网站的出现，人们抱怨为什么没法在网站上直接付款，因此对在线支付的需求就显现出来了。

（3）没有自然增长的需求

有些企业通过运营和各种营销手段来证明自己的需求是真正的需求，但是通过噱头与利益暂时拉动的数据只是过眼云烟。一旦停止运营与营销，就会爆料出伪需求的本质。所以，真正的需求是自然增长的，而不是企业强行拉动的。

如一些返利网站，这些网站认为人们对购物返利有需求，因此通过大比例的返利来获取用户，塑造庞大市场。但是这些返利网很快就消失了，因为它们无法承担返利的成本，逐步降低返利的金额，最后停止。这些利益点一旦消失，用户就不会再关注返利网。所以，“返利”根本不是用户的真正需求，它的数据是靠外界拉动的。

（4）本末倒置的需求

很多企业都是先有技术，再生产产品，然后寻找使用人群，最后硬套应用场景。虽然有些产品获得了成功，但是绝大多数产品都是失败的。因为采取这种方法，企业的思维会被局限住，无法跳脱自我催眠的怪圈，忽视其他需求的产生可能性。所以，这种本末倒置的需求即使有成功的案例在，也是一种伪需求。因为大多数企业都不是，甚至不可能成为苹果。虽然苹果是先有了智能技术，再生产了智能手机，最后寻找到使用人群，开创了一个智能手机使用场景。

2. 三个方法，找出强需求

辨别伪需求的目的是什么？就是寻找真正的需求，也就是强需求。什么是强需求？有人对强需求作了如此定义：“最好的强需求是人类历史早已经存在的，比如印刷。近代是从电报、电话、电视、电脑、互联网、移动互联网的发展来看，通讯也是人类历史上一直存在的需求。人类对信息的保存、传递、分享有着阶梯式的满足。”

除此之外，也有人认为“符合人性的需求是强需求。人性中的懒、贪、食、色、虚、嫉、暴等欲望，是人类天生喜欢更便宜的产品、更便宜的搜寻信息、更简便的沟通”。

那么，企业如何才能辨别自己掌握的需求是真实的需求，是强需求呢（参见图 2-25）？

图 2-25　三大方法辨别强需求

（1）**提问法**

企业可以通过提问法，也就是连续问几个问题辨别是伪需求还是真实需求。用户要求企业提供一个支付软件，企业就要反问用户为什么要支付软件？用户问答是要在线付款。企业就要再问为什么要在线付款？因为要买电商网站的产品。由此，我们可知，用户的需求是经过多次转化而来的。

（2）**测试法**

需求是否真实的需求，不只要听用户如何表述，还要看用户如何行动。如果表达与行动两方面的工作都准备得万无一失，就可以进行灰度测试，从测试的过程中去感受用户的需求。市场永远比企业了解什么是真实的需求。就像是 QQ，每发布一个正式版本之前，都会先推出测试版，以此来判断此次迭代满足的需求是否用户真实的需求。

（3）**类比法**

大多数事物都可以从现实中找到对应参照物，用户需求也是如此。企业可以寻找参照物，通过横向对比判断需求的真伪。

比如，2016 年火爆的共享单车，企业找到了用户对共享单车的需求，那么如何才能辨别这个需求的真伪呢？那么就可以通过寻找现有市场上的共享单车品牌进行对比。比如，摩拜找到了用户对单车质量的需求，其要确定这个需求是否真实，就可以与 ofo 进行对比，如此就可以确定用户对单车质量的需求是真实的需求。

3

CHAPTER

定位：选择一件“标志性衬衫”就够了

任何营销都需要一个瞄准点，极简营销也是如此。企业只有明确自己的定位是什么，才知道要往哪个点发力。极简营销的瞄准点不需要太多，只需要一件最能代表自己、最能代表市场的“标志性衬衫”就够了！

3.1 定位，占领用户心理的特殊位置

企业如果想用最小的代价，让自己的极简营销达到最好的效果，那么在营销之前就必须先进行定位。

什么是定位？简单地说是确定位置。在商业中，定位就是确定品牌在用户心中的位置，通过在用户心中植入一个词语，在其心中占有特殊的位置。就像是即时通讯等于QQ，闪充等于OPPO，图片等于美图秀秀。企业一旦做好了定位，瞄准一个点进行营销，那么其营销工作自然能事半功倍。

对定位进行深一步理解后，我们可以如此描述。定位首先是为了解决

“营销无效”的问题而存在，是一种传播上的沟通战术。定位的行之有效是企业的极简营销战略成功的关键。

1. 了解用户心理特点再定位

企业在对营销进行定位前，首先要了解用户的三个心理特点（参见图 3-1）。

图 3-1　用户的三大心理特点

（1）**先入为主**

先入为主，就是指用户对首先进入大脑的信息印象最深。比如世界第一高峰是珠穆朗玛峰，但是第二高峰呢？估计大多数用户都不知道。2016 年奥运会排球冠军是中国女排，但是亚军呢？又是哪个国家？估计大家也很难有清晰的记忆。用户总是对最新进入大脑的信息印象最深。

（2）**记忆有限**

人的记忆是有限的，只能记得有限的信息。哈佛大学心理学家米勒博士指出“人的大脑无法同时容纳 7 个单位以上的事物”。因此，越简单、越易懂的营销信息更容易被用户记住。

（3）**切身相关**

用户总是主观情绪化地吸收自己感兴趣的信息，对于不喜欢、不想看的信息总是选择性忽略。比如，一个人喜欢某个明星，那么只要与这个明星相关的信息都会关注，反之则会忽略。

2. 定位三原则

对营销进行精准定位，以达到极简营销的效果，那么就要遵守以下三个原则（参见图 3-2）。

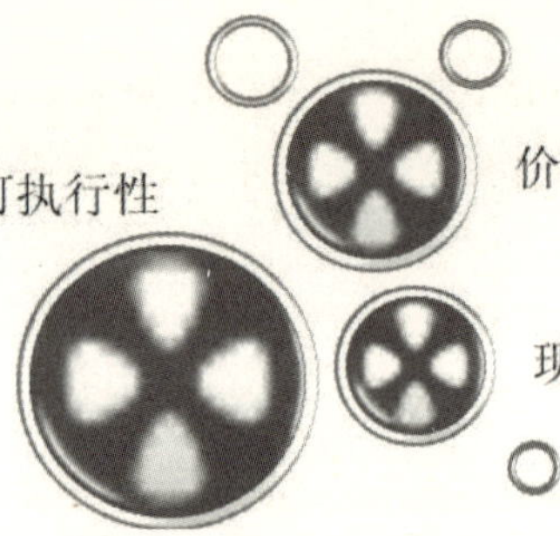

图 3-2　定位三原则

原则一：可执行性

可执行性，是指在市场营销策划中所确定的营销定位，是企业能够达到的。换句话说，就是定位的可执行。譬如一个初创企业，没有品牌、没有知名度、没有用户量，却把自己定位为行业第一、行业领导者来进行营销。如此，不但得不到该有的营销效果，反而会让用户产生反感。所以，这种定位是缺乏执行性的。

原则二：现实性

现实性，是指作为营销定位目标的细分市场，必须是现实的，可操作的。比如有些初创的高新企业、科技企业，把一些目前尚未出现的市场，或需要巨额投入才能产生营销效果的细分市场作为自己的营销定位目标，这就是属于缺乏现实性。

原则三：价值性

价值性，是指作为营销定位的目标市场必须具有可供开发的价值，尤其是经济价值。直白地说，企业要把某个细分市场作为自己的营销定位目标，就要明确这个细分市场是可以产生价值，可以为企业带来利润的。

3. 定位三不要原则

企业不管采取什么样的方式进行营销定位，下列几点是必须要注意的，否则企业的营销定位就无法达到极简营销的效果（参见图 3-3）。

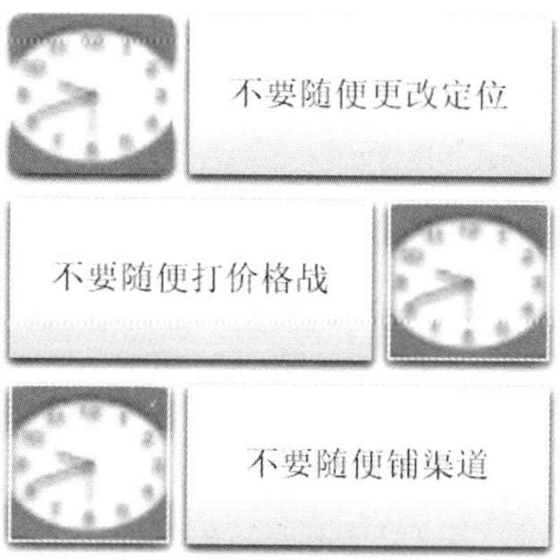

图 3-3　定位的三个不要

（1）**不要随便更改定位**

对于企业来说，定位最重要的，是不会因为受到外界的影响而轻易做出改变。有不少企业在非常时期因为改变定位，从而导致了自己的失败。要注意，不管在什么时期，处于什么环境，企业之前的营销活动所营造的氛围与信任都是用户愿意购买企业产品的因素，一旦定位发生了改变，也就意味着之前建立好的信任城墙崩塌了。企业要想重新获取用户的信任就需要付出代价，而这个代价一般企业都无法承受。所以，不要轻易改变自己的营销定位。

(2) 不要随便打价格战

在市场竞争激烈时，有不少企业通过频繁降价来应对竞争危机。但随着价格降低，用户对企业之前所做的营销定位的认知也会降低，从而用户对企业的关注度也会跟着慢慢降低。特别是一些销售高价产品的企业，一旦价格降低，用户就会怀疑产品质量问题。就像是苹果手机，在国内手机大打价格战时，苹果的价格还是维持在高水准。因而也维持住了自身“高端”产品的定位。

(3) 不要随便铺渠道

渠道对于企业营销战略的作用非常明显，甚至对于某些企业已经重要到“没有渠道就没有企业”的程度。渠道始终是企业得以接触用户、营销效果能被用户接受的关键。所以在进行定位时，必须要考虑到渠道覆盖的问题。

3.2 根据对手定位，避开巴纳姆效应

巴纳姆效应，又称福勒效应、星像效应，是心理学家伯特伦·福勒在1984年通过实验证明的一种心理学现象。人们常常认为一种笼统的、一般性的人格描述就能十分准确地揭示自己的特点。当人们用一些普遍、模糊不清的词语来形容一个人时，往往就很容易接受这些描述，并认为自己就是描述中所说的那样。企业在进行定位时，通常也会受到这种巴纳姆效应的影响，对自己的认识不够客观真实。

企业要做好自身定位，发挥极简营销的效应，就必须客观准确地认

识自己。正所谓“当局者迷，旁观者清”，人往往能客观正确地认识他人，却很难清楚直观地认识自己。企业也是如此。如果企业无法客观真实地认识自己，对自身的定位必然会发生偏颇，如此企业的极简营销就很难发挥百分百的效果。

1. 面对自己，扬长避短

企业在进行定位时，如要避免出现巴纳姆效应，其第一步就是要学会面对自己。学会面对自己的意思是：要看清自己企业的缺点，并勇于面对。很多企业在发现自己的缺陷时，不是面对它并寻找克服的方法，而是将之隐藏起来，或是故意忽略。

就像是格力集团推出格力手机，格力的长处是制造业，对于手机行业并不熟悉，缺乏生产手机的专业技术以及营销思维。但是格力并没有看到这 点，或者是看到了也不愿意面对。所以到最后，即使格力是人企业，能运用各种营销资源，也未能让格力手机成为畅销产品。

这一点上，小米手机可以说是典型的正面代表。在国产手机大火之前，国内的手机行业基本被苹果、三星、索爱等外国品牌所统治。这些手机品牌的特点就是技术强、体验好。小米的负责人雷军看到了自身的不足，在拼技术和体验上，自己远远比不上。所以，小米手机在定位时，就避开了与这些品牌的正面交锋，而是以“高性价比”为小米的定位（参见图 3-4）。相比于苹果、三星同款价钱的手机，小米同款价格的手机体感好确实要好上许多，再辅以其他营销手段，小米手机就在外国手机品牌的重重包围下异军突起，掀起了国产手机品牌大行其道的先潮。

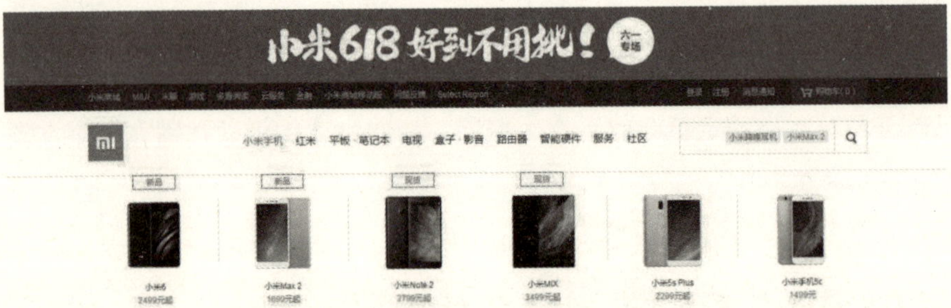

图 3-4　小米手机部分价格

总而言之，小米手机能够获得成功，就是因为懂得面对自己，认清自己的不足，并发挥自己的长处。

2. 收集信息，敏锐判断

但凡是营销做得极为出色的企业，都有一种明智且审慎的判断力。实际上，判断力是一种在收集信息的基础上进行决策的能力，信息对于判断结果是否正确有着至关重要的作用。所以，企业要明确对自身的认识，做出精准的营销定位，就必须时刻保持收集信息的习惯，并对此进行准确的分析与判断。

如 2017 年上半年突然爆红，频频登上湖南卫视王牌综艺节目的最右 App，其团队就是个非常善于收集信息，并能准确判断信息价值的团队。如今，视频软件层出不穷，先不说传统的视频网站，就是短视频、二次元视频都有不少竞争者。最右如果想把自己定位为短视频、二次元视频显然不具备优势。所以，如何精准定位自己，并围绕定位核心点进行营销，就成了最右能否成功的关键。

最右团队在收集的信息中发现，人们对于搞笑、娱乐、吐槽的内容异常热爱。但是只能从一些微博、视频网站的个别视频中寻找，缺乏专门、专业的软件。根据这些信息，最右把自己定位为“就是不正经”的搞笑视频（参见图 3-5）。如此，既符合了用户的需求，又得以与其他视频软件区别开来。

图 3-5　最右 App 的定位

3. 以人为镜，根据对手做定位

以人为镜，就是指企业在进行定位时，可以通过与其他同类企业进行各方面的对比来认识自己。需注意的是，在比较时，要慎重选择比较对象。除了是同行业之外，还需要是与自己处于同一水平线的企业。比如成长期的企业找初创期的企业进行对比，就不具备对比性；成长期的企业与成熟期的企业对比，也不具备对比性；拿自己的优点与别人的缺点比，不具备对比性；拿自己的缺点与别人的优点比，也不具备对比性。

所以，企业要根据自己的实际情况，选择条件相当的企业进行比较，找出自己市场中的合适位置。由此做出的定位才比较准确客观。

网易云音乐一直备受文艺爱好者的喜欢，用户量在 2016 年就突破

2 亿大关。在中国联通发布的 2017 年 2 月份《沃指数之移动应用 App 排行榜》，网易更位列第三名。作为移动音乐平台的后来者，网易的发展速度不容小觑。网易云音乐之所以能后来居上，与其独特的定位有莫大的关系。网易云音乐的定位是专业、文艺、社交（参见图 3-6）。

之所以能有如此定位，是网易云音乐与其他音乐产品比较而来的。网易云音乐的比较对象是 QQ 与酷狗。选择这两个音乐平台作为比较对象，是因为其本身的性质差不多，虽然两者发展时间较长，但是生命周期特征与网易云音乐是一样的。QQ 的定位偏向于新颖潮流，音乐圈多数的歌手歌曲首发都选择 QQ 音乐；酷狗的定位则偏向大众，音乐类型多且全。针对这两者的定位特点，网易云音乐发现，两者都缺乏更具针对性的用户定位，且缺乏如今最为重要的“社交分享”功能。于是，网易云音乐就把文艺、社交作为自己的核心定位，确定定位后，其所有的营销活动都是围绕这个核心进行。

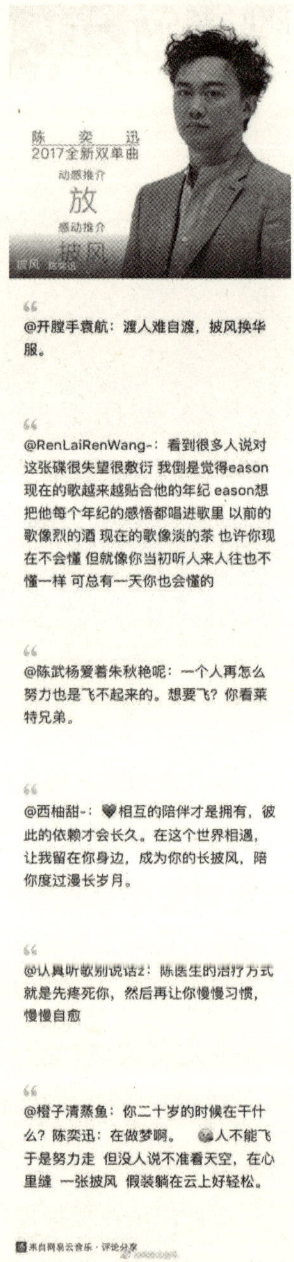

图 3-6　网易云音乐的“文艺、社交”定位

3.3 新产品核心定位，主打一个卖点

对产品进行定位，也就是给营销提炼卖点。有不少企业，在给自己的产品提炼卖点时，常常有这样一个问题：“为什么只能有一个主打卖点，两个不行吗？一个强化一个弱化不可以吗？明明产品可以满足用户的多个需求，宣传点越多不是越好吗？”

其实不然，企业在一个产品主打多个卖点时，主打点之间不协调并不是最重要的问题。最重要的是通过多个卖点吸引的用户完全不是同一群人，他们关心的需求点并不一致，企业无法顾及全部人的需求。如果要顾及，对于不同种类的用户，该产品都有多余的功能，如此就无法极致地体验。因此，企业要做好极简营销，给用户最极致的体验，一个新产品就只能有一个最核心的定位。

1. 针对用户需求定位卖点

提炼产品营销的卖点，是与产品基本功能、用户核心利益分不开的。产品的核心营销卖点必须紧扣用户的需求，就像咖啡厅要强调咖啡味道或者环境一样，因为这是用户对咖啡厅的要求。用户去咖啡厅消费，一是要求咖啡味道要好，二是要求环境要舒适。因此，一家成功的咖啡厅必然需要围绕这两点进行营销。

比如，韩束为旗下一款面膜产品定位卖点时，就是根据用户需求进行的。用户对面膜的需求是什么，就是天然，用了皮肤能恢复新鲜的状态。因此，一叶子的核心卖点就是以科技凝聚天然果蔬的美肌养分，释放新鲜的力量，带来无限时刻新鲜的目光（参见图 3-7）。

图 3-7　一叶子面膜的“新鲜、绿色、天然”定位

围绕这个核心卖点，一叶子的营销广告注重对自然、环保、生活方面的宣传，不断强调每款产品都源于自然花朵的恩赐，强调产品的生产过程经过严格的工序把控，只为提炼最具生命力的植物精华。

一叶子围绕核心卖点的营销显然非常有效，很多用户都表示使用这款产品就是因为其纯天然绿色的植物成分，给人新鲜体验效果的同时，又完全体现出产品的绿色安全性。

2. 从产品本身性能入手

在给产品定位核心卖点时，还可以从产品本身的性能入手，如技术、品质、包装、服务等（参见图 3-8）。

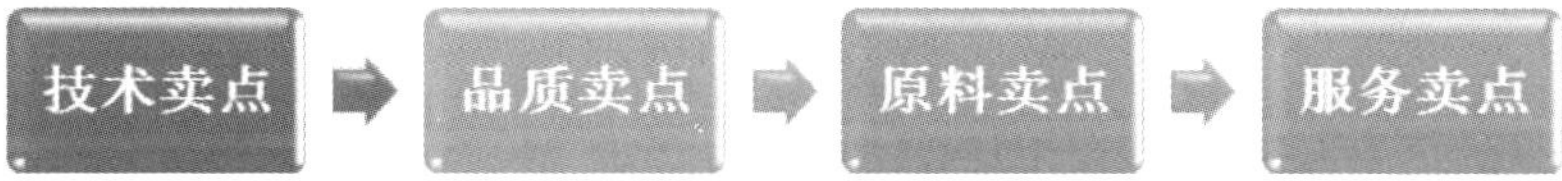

图 3-8　从产品本身性能进行定位

（1）技术卖点

技术卖点，是指从产品的技术先进性寻找卖点，这些在高科技产品中运用得最为广泛。比如，智能企业的智能技术。最为典型的就是谷歌公司开发的智能机器人“阿尔法狗”，其卖点“高智商”，强调其围棋技术能打败世界上所有的围棋高手。而多次与世界围棋高手比赛的胜利，也为这款智能机器人赚足眼球（参见图 3-9）。除此之外，苹果手机的指纹解锁、OPPO 手机的闪充功能都属于技术卖点。

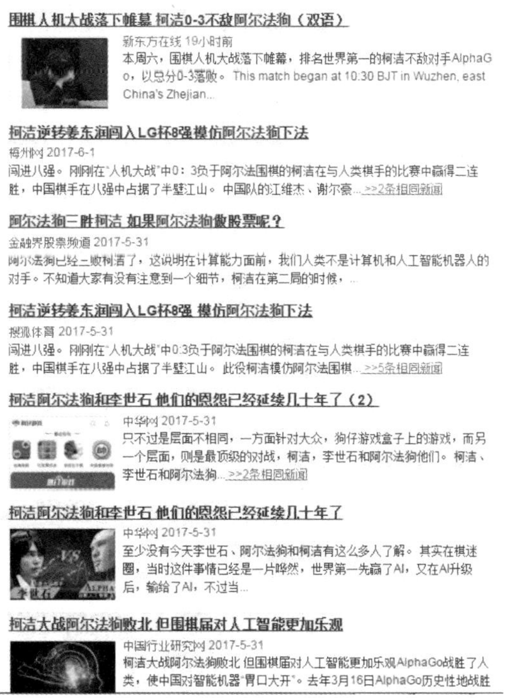
围棋人机大战落下帷幕 柯洁0-3不敌阿尔法狗（双语）

新东方在线 19小时前

本周六，围棋人机大战落下帷幕，排名世界第一的柯洁不敌对手AlphaGo，以总分0-3落败。This match began at 10:30 BJT in Wuzhen, east China's Zhejian...

柯洁逆转姜东润闯入LG杯8强模仿阿尔法狗下法

梅州网 2017-6-1

闯进八强。刚刚在"人机大战"中0：3负于阿尔法围棋的柯洁在与人类棋手的比赛中赢得二连胜，中国棋手在八强中占据了半壁江山。中国队的江维杰、谢尔豪... >>2条相同新闻

阿尔法狗三胜柯洁 如果阿尔法狗做股票呢？

金融界股票频道 2017-5-31

阿尔法狗已经三败柯洁了，这说明在计算能力面前，我们人类不是计算机和人工智能机器人的对手。不知道大家有没有注意到一个细节，柯洁在第二局的时候，...

柯洁逆转姜东润闯入LG杯8强 模仿阿尔法狗下法

搜狐体育 2017-5-31

闯进八强。刚刚在"人机大战"中0:3负于阿尔法围棋的柯洁在与人类棋手的比赛中赢得二连胜，中国棋手在八强中占据了半壁江山。此役柯洁模仿阿尔法围棋... >>5条相同新闻

柯洁阿尔法狗和李世石 他们的恩怨已经延续几十年了（2）

中华网 2017-5-31

只不过是层面不相同，一方面针对大众，狗仔游戏盒子上的游戏，而另一个层面，则是最顶级的对战，柯洁，李世石和阿尔法狗他们。柯洁、李世石和阿尔法狗... >>2条相同新闻

柯洁阿尔法狗和李世石 他们的恩怨已经延续几十年了

中华网 2017-5-31

至少没有今天李世石、阿尔法狗和柯洁有这么多人了解。其实在棋迷圈，当时这件事情已经是一片哗然，世界第一先赢了AI，又在AI升级后，输给了AI，不过当...

柯洁大战阿尔法狗败北 但围棋届对人工智能更加乐观

中国行业研究网 2017-5-31

柯洁大战阿尔法狗败北 但围棋届对人工智能更加乐观AlphaGo战胜了人类，使中国对智能机器"胃口大开"。去年3月16日AlphaGo历史性地战胜

图 3-9　阿尔法狗与棋王柯杰之战引起全民关注

（2）**品质卖点**

品质卖点，是指突出产品的高品质，就像农夫山泉的“农夫山泉有点甜”，就是用产品的独特高品质来吸引用户的眼光。在以产品高品质为核心营销卖点上，格力企业可以说是最为典型的运用者。格力一直把中国制造高品质作为旗下产品的核心宣传卖点，其宣传语就是“让世界爱上中国造”（参见图 3-10）。

图 3-10 格力宣传语“让世界爱上中国造”

（3）**原料卖点**

原料卖点，是指从产品原料、原产地入手，因为好的产品来源于好的原料。比如，贵州醇强调好山好水好酒，可采用名贵中药为原料；roseonly 强调玫瑰来自于厄瓜多尔。（参见图 3-11）。

图 3-11 roseonly 的原产地卖点

（4）服务卖点

如今是体验时代，用户重产品质量，更重企业的服务质量。如海尔的“真诚到永远”的三全服务，即全员、全时、全面地为用户提供服务。这一点在餐饮业上体现得更为明显，如以服务闻名的“海底捞”与“雕爷牛腩”（参见图 3-12）。

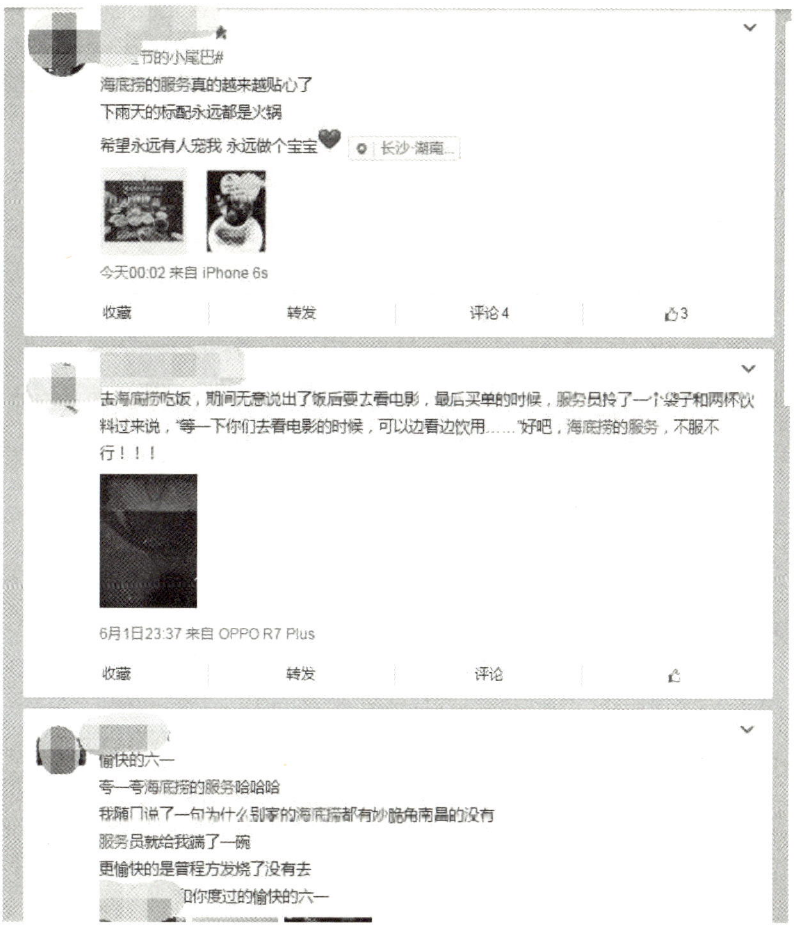

图 3-12　被用户广为称赞的“海底捞服务”

3. 定位别人没有的，而不是更好的

在给产品定位营销卖点时，要遵循“人无我有，人有我精”的原则。这里的“人有我精”，是指在原有基础上开发出新产品或者新功能，或是做出更好的产品优化。但是按照当前的市场发展状态，市面上的产品已经非常成熟，因此很难用这一点作为产品的核心营销卖点来吸引用户。所以最好是把“人无我有”作为产品核心营销卖点。

比如，企业要做一款与QQ、微信一样的即时通信软件，核心营销卖点如果还定位为“即时通信”，用户并不会认为企业的产品能好过QQ和微信，所以最好从别的角度入手。比如，陌陌把“基于地理位置的移动社交工具”作为核心营销卖点，因为这是同类产品所没有的（参见图3-13）。

图3-13　陌陌的“基于地理位置的移动社交工具”定位

4. 卖点就是要让用户得到好处

小米联合创始人黎万强说过：“互联网企业做产品，首先要考虑的是服务，其次才是营销。”也就是说，在给产品做营销卖点定位时，首先要考虑的是你能给用户提供什么样的服务，如何让用户感受到来自产品的诚意，让用户得到好处，如此用户才会产生购买欲。

百度外卖在做核心营销卖点定位时，首先是考虑如何让用户在平台订餐获得实实在在的优惠。所以，他们在做市场营销时，就以“优惠”为营销的第一位，而不是一上来就向用户推广和营销产品（参见图 3-14）。百度外卖清楚了解“只有当用户感觉到自己的诚意，得到实实在在的好处时，才会积极地使用产品。此时再做营销，往往就能获得事倍功半的效果”。

图 3-14　百度外卖与各大餐饮品牌合作优惠活动

3.4 USP 原理定位，找出产品的与众不同

企业的营销要获得成功，除了要有精准的核心定位，也要有独特的核心定位。在产品同质化越来越严重的时代，如果你的营销点不够独特，那么把极简营销运用得再完美也没有用。因为用户不知道你的产品和其他企业的产品有什么不同，对于他们来说，买哪家企业的产品都一样，因为功能、文化都差不多。所以企业的产品定位必须具备独特性。

企业可以通过USP（独特销售主张）来为自己的产品确定独特的定位。USP在营销领域代表独特的销售主张，是美国TED BATES广告公司董事长罗瑟·瑞夫斯在20世纪50年代首创。他认为，USP是用户从广告中得到的东西，而不是广告人强制赋予广告的东西。

1. USP的三大提炼内容

USP理论主要包括以下三个方面的内容（参见图3-15）。

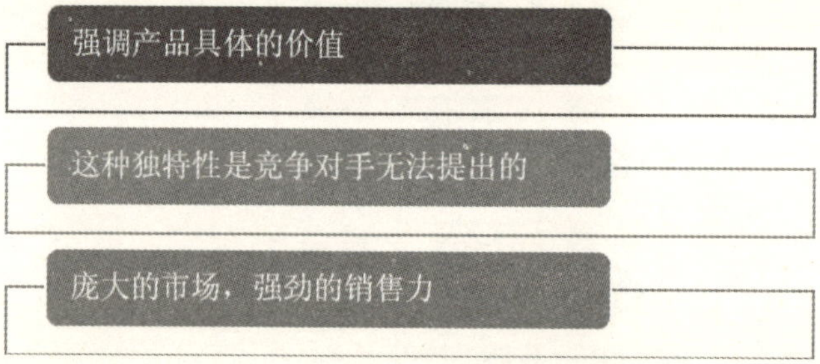

图3-15　USP理论的三个方面内容

（1）强调产品具体的价值

强调产品具体的价值，是指产品的这个定位必须有一定的功能，比如OPPO R9的充电五分钟，或者用户能得到其一定的利益，比如用户在使用外卖软件饿了么时可以获得粮票，下次订外卖时，这张粮票可以让用户减少付出的成本。

（2）这种独特性是竞争对手无法提出的

也就是，如果企业以产品的某个功能为销售主张，那么这个功能就是其他产品无法提供的。比如OPPO手机的闪充功能，OPPO手机已经将其申请为专利技术，即使其他手机品牌能研发出这种技术，也不能以“闪充”作为自己的宣传点（参见图3-16）。

图 3-16 OPPO R9 的闪充功能

（3）庞大的市场，强劲的销售力

这个定位点必须是用户所需要的，且是大部分用户所需要的，具有一定的市场潜力。OPPO R9 的闪充定位就有着强劲的销售力，手机时不时就没电，需要随时担心电量问题，一直是手机用户的痛点，因此用户急需一个能快速充电的手机。可以说，只要是手机用户就有这个需求，可想而知，OPPO R9 的市场潜力有多大。

2.USP 的三个提炼原则

企业在运用 USP 进行独特定位时，需遵守以下三个原则（参见图 3-16）。

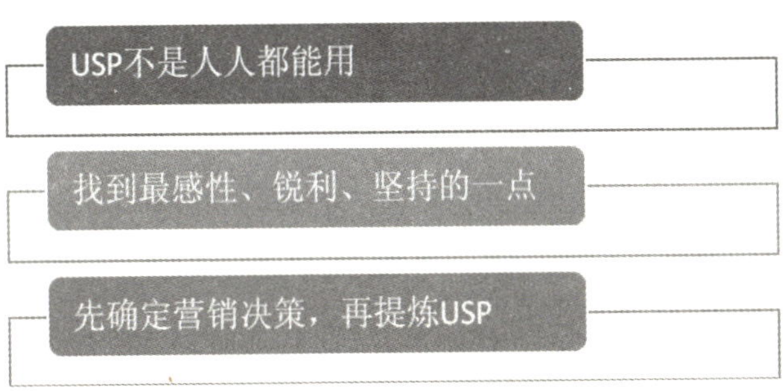

图 3-16 USP 的三原则

（1）**USP 不是人人都能用**

不少企业认为既然 USP 的效果这么好，那么我也一定要打造自己的 USP。其实不然，世界上没有一个产品能满足用户的全部需求，USP 也是一样。

USP 的提炼不是企业拍拍脑袋就能完成，其涉及的工作与成本非常庞大。因此，在提炼 USP 之前，企业需要想一想这款新产品是否真的只有提炼出独特的销售主张才能卖出去，才能畅销。

市场事实与理论证明：USP 提炼在供需关系的基础上，如果市场供不应求，且保持了相当长的一段时间，那就无须运用 USP。

（2）**找到最感性、锐利、坚持的一点**

USP 的核心论点是找出产品的与众不同之处，其目的是吸引目标用户群的关注，进入用户的心智，让用户能够第一时间想到产品。所以，USP 的销售主张不需多，只要找到最感性、锐利、坚持的那一点即可。

（3）**先确定营销决策，再提炼 USP**

USP 的提炼是一个严谨且复杂的过程。因此，在运用 USP 之前，企业必须先确定自己的基本营销决策。也就是把哪一个细分市场作为自己的目标市场，这个市场中的用户特征是什么，以及在这个市场中企业所可能面临的竞争对手。

3. USP 的三个提炼技巧

USP 的提炼是一个技术活，需要企业对产品、市场进行不断识别、鉴定、证实、分离、评估，确定哪些营销点可以提炼为产品的独特销售主张。不少企业虽然知道 USP 理论，但却不知道如何使用，或者如何才能提炼出最准确的独特销售主张。其实可以学习爽哥英语运用 USP 的技巧（参见图 3-17）。

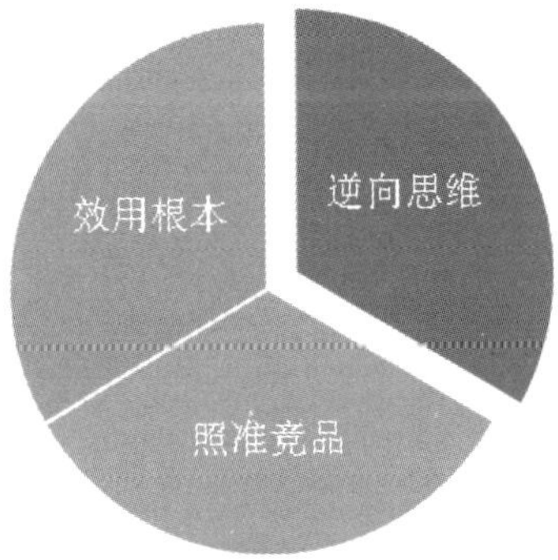

图 3-17　USP 的三个提炼技巧

（1）逆向思维

爽哥运用 USP 的第一步就是采取逆向思维，也就是先不从产品的角度进行定位，而是先考虑用户的需求。用户对英语口语的痛点是枯燥、难以记忆，需要一款有乐趣且容易记忆的英语口语软件。所以，爽哥英语就采用图文的方式，通过真实拍摄的图片来加强用户对英语的记忆，同时通过识别图片增强趣味性（参见图 3-18）。

图 3-18　爽哥的图文结合形式

（2）**照准竞品**

爽哥英语运用 USP 的第二个步骤就是照准竞品，就是指比肩对手，同时保留的特点。在当前的英语口语练习市场中，专业的、具备针对性的英语口语软件少之又少，即使有，但因为只是单纯的英语口语练习，用户练完后很快就忘记。针对这一点，爽哥英语从口语练习入手，包含单词、语法、对话的练习（参见图 3-19）。如此，既与其他英语软件一样具备了口语练习的特点，又保留了自己的特点。

图 3-19　爽哥英语的语法练习

（3）**效用根本**

爽哥英语在进行定位时，非常注意定位的实际应用效果。即用户对这个销售主张是否接受，且是否能从产品本身感受到这一点。

4. USP 的六条提炼路径

USP 的提炼，有其固定的六条路径，企业可以从中找出最合适自己的（参见图 3-20）。

图 3-20 USP 提炼的六条路径

3.5 比附定位，借势对手抬高自己

比附定位实际上就是一种攀附名牌的定位策略，企业通过各种方法与同类产品建立一种内在的联系，使其迅速进入用户的心智。也就是说，新产品通过与竞争产品的比较来确定自身市场地位的一种定位策略，其本质是一种借势定位或者反应式的定位。在比附定位中，参照对象的选择是一

个非常重要的问题。一般来说，只有与其他知名度、美誉度高的产品做比较，才能依靠对方的力量来抬高自己的名气与身价。

1. 奉行“老二”哲学

正所谓“木秀于林风必摧之”，把自己定位“老二”，可以避免对手的攻击，也可以给用户谦虚诚恳的印象。简单地说，就是企业明确对外承认自己的产品在同类产品中只是第二，比不过另一款产品。特别是新产品，如果说自己是行业第一，只会让用户觉得你狂妄自大，爱吹牛，留下产品体验肯定也是过分夸大的不良印象。美国阿维斯汽车公司的定位就是“我们是老二，我们要进一步努力”，这样的定位让其品牌知名度得到了极大的提升，并赢得了更多忠实的客户。

图 3-21　陌陌上市招股书

陌陌在上市时，也把自己定位为移动社交软件第三的位置（参见图 3-21）。为什么这样定位？首先是基于事实，因为不管是投资者还是用户都知道微信和QQ的强大，实话实说反而能给人留下可靠的印象。其次，把自己排在微信和QQ后面，可以给投资者和用户造成一种假象：既然能排在微信和QQ的后面，其产品也必然不会太逊色。

2. 承认对方优秀，但也不看轻自己

承认对方优秀的一面，认可对方是同类产品中已有的第一品牌，自己确实不如对方，但是在某一面还是可以与对方并驾齐驱、平分秋色，或者是超越对手。如此，既不会让用户感到自己狂妄自大，同时又能凸显自己独特的一面，吸引有特殊需要的用户关注自己。

如小米手机，从来不狂言说要超越苹果手机，但是它却表达了自己在性价比上绝对比苹果好，在国产手机中也是无可匹敌的。不与苹果比体验，只与苹果比性价比。如此，承担不起苹果手机的高消费，但又想享受到较好的手机体验的用户，就会选择小米手机。

3. 进入第一阵营

产品如果不能攀附优秀的产品，那么也可以利用模糊数学的手法，借助群体声望，把自己归纳到高级俱乐部式的产品群体中，强调自己是该群体中的一员，从而提高产品的形象与地位。

苏宁易购，因为与淘宝、京东的竞争非常激烈，且自己是电商行业的后来者。不管是用户、产品、知名度都无法与淘宝和京东对比。所以也无法奉行“老二”哲学，或者向对方示弱。苏宁易购只有通过把自己列入电商产品的第一阵营中，强调自己也是电商产品中最为优秀的产品之一，来提高自己的知名度与形象（参见图3-22）。

图 3-22　苏宁易购

3.6 首席定位，干掉第一品牌

在这个信息爆炸的社会，用户对大多数信息都是毫无记忆的，但对领导性、专业性强的产品印象比较深刻。因此，多数企业在进行定位时，都喜欢说自己是“第一家”“市场占有率第一”“销售第一”，这其实就是首席定位。首席定位，就是强调自己是同行业或同类产品中的领先定位，在某个方面有独到的特色。

1. 利用用户心理进行定位

如今的用户每天都需要接收成千上万条信息，但是不可能记住所有信息。他们只对特征特别明显的信息有印象。首席定位就是基于用户对第一记忆最深刻的心理规律，就像人们通常只记得比赛冠军是谁，但是亚军和季军是谁，却很难有印象一样。

比如，母婴电商品牌贝贝，它的广告宣传语就是母婴领导者。通过这种领导者的定位，让用户瞬间记住自己；加多宝也是如此，为了赢得与王老吉的战争，并让用户把自己和王老吉真正区别开来，加多宝的宣传语多数是“销量第一”“销量冠军”，通过销量第一的首席定位方式，在用户心中留下“销量第一，那么产品肯定很好”的心理印象，从而加深对加多宝的记忆（参见图 3-22）；奶茶品牌香飘飘，在为自己的产品进行定位时，也是通过“连续多年销量领先，杯子连起来可绕地球两圈”等宣传语，加深用户对自己的印象。

图 3-22　加多宝的首席定位

2. 在属性价值上占第一

对大多数新产品来说，在给自己进行定位时，就不能和加多宝、香飘飘这样实力雄厚的大企业一样，追求销量第一、规模第一。因为即使说了用户也不会信，只会认为企业在为自己的产品做虚假宣传。新产品要注重发现品牌在某些属性价值上做第一，让用户觉得你在这方面是最好的。

聚美优品也曾采用首席定位的方法，但是它对于自己的定位并不是电商第一，而是化妆品电商第一（参见图 3-23）。为什么这么说，因为聚美优品比起阿里巴巴旗下的淘宝、天猫，比起京东，显然是有着非常大的差距。所以，就不能以电商第一作为自己的定位，否则只会给人留下狂妄自大的印象。但是，聚美优品把自己定位为化妆品电商第一就不一样了，这是从电商中新分出来的一个属性，在这方面，聚美优品做得确实非常出色，如此定位才能让人相信。

图 3-23　聚美优品的美妆定位

3. 小企业别做首席定位

在每个行业，每个类别里，第一只有一个，但是品牌、产品却是海量的。所以，对于首席定位，也不是每个企业都可以做的。只有实力雄厚、规模大的企业才可以首席定位。如果是小企业、新产品，用首席定位为自己做营销，只会得不偿失。一是用户觉得企业过分夸大，不值得信任；二是引起其他竞争对手的注意，很可能被比自己实力雄厚的企业打压。所以，没有资金实力、技术实力的新企业、小企业，最好不要对自己的产品实行首席定位。

比如，华为，它号称 2016 年国产品牌全球机销量排名第一，给用户造成国民品牌、人人都在追捧华为手机的印象。那么，它这么做合适吗?显然是合适的，除了华为本身是个资金、技术实力雄厚的大企业，还有数据支持，这是用户能看见的。如果你没有华为这样的资金和实力，也没有真实的数据支持，就不要使用首席定位。

4

CHAPTER

聚焦：瞄准市场才能“赢销”

当今市场呈现出多样化的特色。极简营销主张企业不要被市场表象所迷惑，要拨开迷雾，洞若观火，看清市场真相，聚焦市场需求。

4.1 聚焦小众市场，大而全不如小而精

定位理论之父艾·里斯说过这么一段话："很多企业把自己聚焦在大众，但得到的往往是小众，而把自己聚焦在小众的企业，最后得到的用户却是大众。"

营销要针对大众市场，还是针对小众市场？已经有无数争论。大众市场庞大，用户量大、需求量大，但是竞争也大。通常来说，各个行业的大众市场早已被寡头垄断，后来者很难有机会攻破大众市场的壁垒，即使攻破也需要付出高昂代价，一般的初创企业没有这样的实力。

因此，初创企业想要成功，必须从小众入手。不过，企业不要误解小众的

真正含义。所谓的“小众市场”，不是指人数的多少，而是针对需求的划分。

小众市场也称为长尾或利基市场，现代营销之父菲利普·科特勒在《营销管理》中给利基市场做了如此定义：利基是更窄地确定某些群体，即一个小市场没有需求，没有被服务好，或者说，有获取利益的基础。

1. 细分市场，挖掘小众用户需求

在行业竞争日益激烈的情况下，没有哪家企业的营销能力能涵盖整个营销市场。因此，必将对整个市场进行细分，确定自己的目标市场，再把自己的优势集中到目标市场上。

通过市场细分，有利于发现小众用户的需求特性，从而调整整个产品结构，增加产品的特色，提高企业的市场竞争能力。有不少专业人士认为：“未来的市场将更加细分，小众产品、小众用户在细分领域会继续发挥它的潜力，为企业找到一个生存空间。”

要做好小众市场并不容易，需要有强大的耐心与实力、对市场的精准把握以及对用户的深度理解。所以，小众市场是所有企业都不能小视的市场。

如聚美优品能用短短三年的时间就成功上市，就是因为找到了自己的细分目标市场。当时，电商市场被阿里巴巴、京东等巨头瓜分，其他电商很难再进入。但是，聚美优品从电商的大众市场中细分出了一个化妆品市场。阿里巴巴与京东体系庞大，涵盖的内容太多，在化妆品领域并没有特殊的优势。同时，国内也缺乏专业的化妆品电商，用户的需求难以满足。于是，聚美优品选择了化妆品这个细分市场为切入点，迅速在电商领域打开了知名度。

2. 注重目标用户的精准定位

面对竞争越来越激烈的市场，以及消费越来越理性的用户，如何才能

把产品深深植入目标用户群体，并增强他们对产品的好感度与信任度，是每家企业都需要认真思考且研究的问题。

在短缺经济时代，用户对产品的需求是“求同不求异”，因此，市场也是处于同质化状态，符合个性需求的产品没有太大的生存空间。基于这个特点，企业的营销也呈现大同质统一、大批量的趋势。然而，现在是物质丰富时代，用户的需求更加偏向个性化，小众用户的个性需求不仅体现在产品的外观设计、功能特色上，还表现在产品表达的情感、价值观上。基于这个特点，企业的营销更加注重目标用户的精准定位。

因此，企业只有进行精准的定位，才能找到相对应的小众用户。企业要开拓个性化的市场，采取小众营销模式，其定位必须紧紧围绕用户的个性化消费这一特征，将产品与用户连接起来，从而引起用户的情感共鸣。

3. 给小众用户专业的体验渠道

与短缺经济时代的用户注重产品质量与功能不同，如今的小众用户更加注重产品的附加属性，特别是消费过程中的产品体验。从信息收集到最终购买的这个过程中，小众用户群体已经习惯于全力追求购物过程中的喜悦感与满足感，因此，注重用户体验成为企业吸引小众用户的最有效手段。

如今是体验式消费的时代，用户越来越以自己的体验感受作为衡量标准，来决定最后的购买行为，而不是之前单纯依赖他人的口碑传播。所以需要给小众用户一个专业的体验渠道，因为只有专业化才能让用户感到产品的个性化。

4. 营销方式要独特

共享经济，是集合拥有闲置资源的机构或者个人作为分享者，利用分享自己的闲置资源创造价值。例如，我们经常看到的共享单车摩拜、ofo，还有宜维租车电动车分时租赁都属于共享经济范畴。

北京新能源汽车股份有限公司是由世界 500 强企业北京汽车集团有限公司发起并控股，是目前国内纯电动汽车市场占有率最大、规模最大、产业链最完整的新能源汽车企业。北京开拓明天科技股份公司配合了产品规划、产品设计，技术呈现了北汽新能源“充电吧”分时租赁 App 项目，用共享经济的营销模式，通过技术实时查询、定位、分时租赁 10 千米以内用户可用充电桩，在线交易，帮助拥有充电桩的用户变闲置资源为现金，快速解决急需充电用户的燃眉毛之需。

企业在选定一个小众市场前，要看其自身的营销模式是否和小众市场相符，是否别具特色，有明显的差异化。如果无法做到这一点，那么企业在这个小众市场的营销效果必然会大打折扣。

这一点，许昌开元一通科技有限公司就做得非常好。开元一通是一家专注于纳米技术、量子技术与氢分子医学技术的研发、生产、销售为一体的高科技产业公司（参见图 4-1）。它在选定纳米、量子、氢分子医学这个小众市场时，就考虑到了营销模式的独特性。为此，开元一通打造了一个符合这个小众市场的独特的“分享营销”模式。

图 4-1　许昌开元一通科技有限公司

开元一通创造了基于行业社群电商独具特色的“分享营销”体系，真正做到了“营销模式极简化，营销效果极大化”。与传统互联网企业如BAT的流量层的营销不同，其“分享营销”模式集传统互联网与移动互联网的优势为身，以提高运营能力为核心，快速建立一个功能强大的分销平台。

该平台具备货源、产品售卖、传播导流、在线支付一体的行业社群电商及供应链体系。通过该“分享营销”体系，所有消费者都可以变为销售商，每个消费者都可以作为品牌代言人在平台开店维护自己的客户。同时，平台还拥有一键分享到所有社交平台的功能，帮助消费商实现流量转化。消费端业务数据及资金池用支付端口收集到商城总部，产品也由平台商城，减少消费商资金管理以及产品管理问题。

纳米技术属于高科技行业，要进入这个行业成本门槛不低，所以很多消费商会因为成本问题而打了退堂鼓。但是，在开元一通这种“分享营销”模式下，消费商无须租金，且时间自由，又无须承担囤货风险，不用担忧物流问题，成功打破了消费商的心理障碍，提高了消费商的参与欲望。

那么基于科技的新营销玩法还有哪些呢？如H5小游戏、跨屏营销、视频内容直播等，都是辅助企业做好品牌传播和导流的利器，刺激用户与企业深度互动、形成品牌认知、产生传播并最终达成交易。

4.2 聚焦新市场，全面覆盖降低营销成本

鲁迅先生曾称赞：“第一次吃螃蟹的人是令人佩服的，不是勇士谁敢去吃它呢？”螃蟹拥有一副可怕的外表，丑陋且凶悍，吃一个别人完全未

吃过的新物种，确实需要莫大的勇气。虽是如此，如果做第一个吃螃蟹的人，就能获得别人从未享受过的美味。企业也是如此，如果企业的营销重点能放在别人从未涉足的领域，甚至别人不看好、害怕的领域，也许就能获得别人未曾享受的成功美味。

1. 新市场可降低营销难度

企业如果能进入一个新的市场，这个市场具备极大的潜力，且因为缺乏竞争者，企业的营销难度就能够极大降低，只需要通过全面覆盖的营销手法，就能让用户提高对企业的认知度。

比如阿里巴巴，在 20 年前，谁能想到阿里巴巴能获得这么大的成功？谁又能想到电商市场的规模可以发展得如此庞大？阿里巴巴的创始团队想到了，其走了一条别人不愿意走的路，做了第一个吃螃蟹的人。阿里巴巴的成功，就是因为很多人不看好这个市场，没有人愿意进入这个市场。因此，在初期，阿里巴巴的营销极为简单，只通过全面覆盖的营销手法加大用户对电商的认知。无须像其他电商企业，因为应对竞争，搞出各种各样复杂的营销手法。

2. 用免费策略打开新市场

一个新市场，不只是企业不看好，就连用户对新市场推出的产品，也抱有怀疑的心理，因而轻易不敢尝试。面对这种情况，企业需要采取免费的营销策略，利用“贪便宜，又不用钱，试试也无妨”的心理打破人们对新产品的心理屏障。免费策略，一直是百试不爽的营销利器。

阿里巴巴在进入电商新领域时，为了打破用户的心理障碍，就采取了免费模式。商家免费入驻阿里巴巴，无须付出任何成本，阿里巴巴免费提供平台、渠道、用户及帮助。

除了阿里巴巴，有不少企业也把免费营销模式玩得很好。譬如360，就是依靠打出永久免费的口号，吸引了大批用户，至此之后，大多数网络安全软件都用免费模式作为自己吸引用户的噱头；QQ之所以能打败MSN，成为中国即时通讯的霸主，也是采取了免费营销模式，作为核心功能的QQ，将永久免费提供给用户使用。

这些案例足以证明，企业如果要走一条别人不愿意走的路，进入一个别人不看好的市场，做第一个吃螃蟹的人，采用免费营销模式，可以帮助企业迅速开拓市场。免费营销模式，虽然需要企业付出较大的资金成本，但却可以降低企业的人力成本，以及在其他营销活动中所需要付出的成本。

企业如何利用免费营销模式打开新市场呢？可以采取以下几种方式（参见图4-2）。

图4-2　五大免费模式

（1）**增值免费模式**

增值免费模式，即主产品免费，副产品收费。现在大多数免费产品都是实行这种模式，达到最后盈利的目的。

如360，它的主产品杀毒软件是免费的，但是如果杀毒出电脑问题，需要维修，就需要收费了。图4-3就是360需要收费的功能和服务。

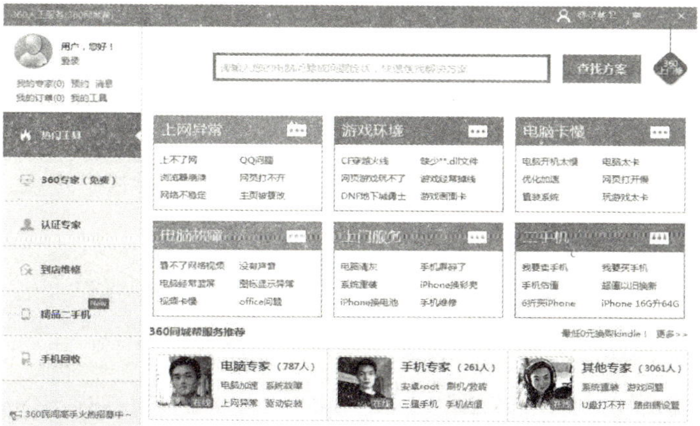

图 4-3　360 需收费的功能

（2）零首付免费模式

这是一种类似分期付款与贷款的方式。比如，用户可以通过一些信用担保，零首付买到一直想买但手头不宽裕无法购买的产品。然后在手头宽裕时还款，或者选择分期付款的方式，降低自己的压力。

如京东白条、支付宝蚂蚁花呗就是采取这种模式。通过京东白条或蚂蚁花呗，用户可以先免费购买产品，等到期还款或分期还款（参见图 4-4）。

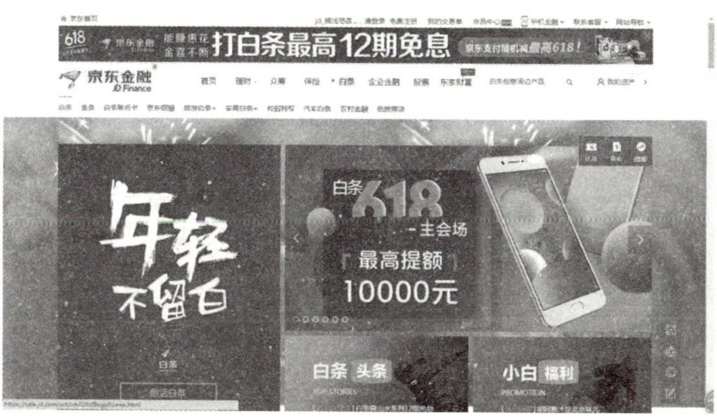

图 4-4　京东白条

（3）**替代式免费模式**

这种免费是为合作用户量身定做的一套方案，然后把自己的产品融进其中。中国的三大运营商就是采取这种模式来抢占市场。免费赠送用户手机，但是用户必须使用该企业的产品，并保证每月的最低消费额。

（4）**免费消费模式**

企业先免费提供产品，然后通过该产品的二次消费或提供的服务获利。许多网络游戏就是采取这种免费模式来抢占市场。用户可以免费下载和注册游戏，但是如果想获得更好的游戏体验，就要购买游戏中提供的服务。

（5）**免费转嫁模式**

企业的产品不对用户收费，但是会把费用转嫁到他处。电视台就是采取这种模式，用户可以免费观看电视台的节目，但是电视台制作节目所需的费用就要由广告商来承担。

3. 全面覆盖，提高用户认知度

企业在聚焦新市场后，提高用户认知度是一项非常重要的工作。因为在新市场，从未出现相关事物，用户对未知事物都有一种抗拒心理。因此，需要通过全面覆盖，这种直接粗暴但效果极好的营销手法，迅速让用户了解企业的产品，解除抗拒心理，从而购买、使用产品。

这一点，小咖秀就做得非常好。小咖秀是一款模仿、对口软件，在小咖秀之前，并没有企业涉及这一领域，因为他们认为这个市场太小，没有什么可盈利空间。但是一下科技并不这么认为。

模仿，一般只出现在电视节目上，用户本身很少参与。那么如何说服用户接受这款产品，并认可它呢？

小咖秀采取了全面覆盖的模式，除了在公交、地铁、电梯这种用户高频出现的场所打广告，还频频冠名各大视频、电视节目。但是让小咖秀迅速打开知名度的是明星的加入，其利用明星的影响让小咖秀迅速覆盖粉丝群（参见图 4-5）。此外，小咖秀娱乐、解压的产品属性，也符合用户的精神需求，所以，小咖秀得以一炮而红。

图 4-5　小咖秀的明星效应

（1）**用户需要与产品价值相符**

营销所针对的用户基本需要与价值定位要相符。有不少企业因为没有紧紧抓住用户的基本需要，没有搞清用户的价值定位，从而无法让覆盖式营销发挥作用，因此用户的认知度并没有提高。

（2）**在用户高频出现的场所进行覆盖**

全面式覆盖，也要有所选择，如此可以降低营销成本。比如可以选择在用户高频出现的场所进行覆盖，如电梯、公交站牌、地铁、各种视频网站等。如此，才能在最短的时间内提高用户对企业的认知度。

4.3 聚焦刚需市场，占有用户和市场

刚需市场，是相对于弹性市场而言的，是指产品供求关系受价格影响较小的需求，这些市场包括日常生活用户市场、家电耐耗品市场。总而言之，就是与人们日常生活的吃穿住行息息相关的市场。

1. 刚需不是痛点，是新需

不少企业都把刚需看成痛点，其实刚需与痛点是两码事。吃饭、穿衣、喝水、看病、教育、交通都是刚需。但是这些刚需，已经有无数企业在满足。对于创业企业来说，刚需在更大程度上是指新出现的需求，意味着创业企业能占有一定用户和市场的需求。

吃饭、喝水都是刚需，无论价格产生多大变化，供需都不会发生多大的改变。但这种并不是创业企业需要瞄准的刚需，创业企业需要瞄准的刚需市场是指通过某些手段可以让用户的刚需得到更加便捷的满足，或更好的满足。

共享充电宝也是属于一个新的刚性需求，且未被充分满足的刚性需求市场（参见图 4-6）。共享的刚性需求早已被各大企业所满足，比如共享单车，充电宝也是，各个企业早已推出了各种型号的充电宝。

在这两者的基础上，共享充电宝成为了一个新的刚性需求。人们外出最大的一个担心是什么？是手机没电，所以出门前一定要保证手机，或充电宝的电是满的。但是很多时候都会忘了充电，或携带充电宝，在如今这

个手机已经可以解决大部分问题的时代，手机没电是大问题。因此，如何让自己在任何时候都不担心手机电量的问题，已经成为一个新的刚需。所以共享充电宝就是一个新的刚需市场。

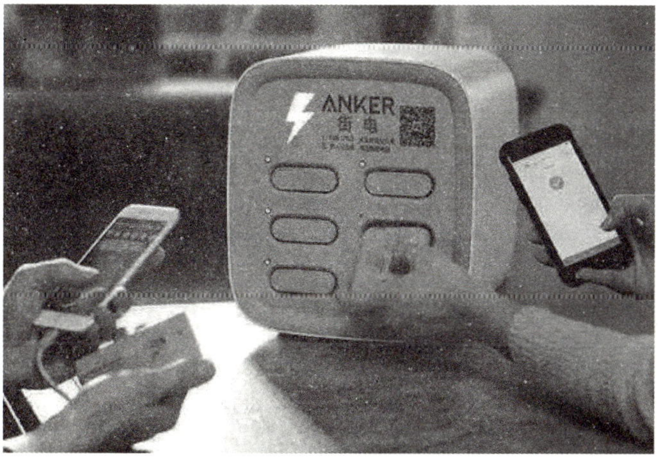

图 4-6　共享充电宝

聚美优品的陈欧抓住这一新的刚需市场，投资几十亿，在全国各大繁华街道和商场投放共享充电宝，充分满足用户的充电刚性需求。因而，受到了外界的不少瞩目，更获得了绝大多数用户的支持。

2. 没有刚需，就创造刚需

既然是刚需市场，就代表是企业最容易找到的一个市场需求，已经被充分满足，企业要找到一个新刚需是很难的。那么，企业如何才能找到一个新的刚需市场进行营销？新刚需并不是那么好找的，很多时候市场并没有这个需求。在这种情况下，企业要懂得主动创造刚需。

苹果手机的火爆就是创造了新刚需，尽管这种需求本质在苹果手机推出之前没有用户清楚完整地表述过。之前，用户并没有智能手机的需求，但是苹果手机向用户展示了智能手机如何方便快捷，如果能给用户新鲜的体验后，用户已经难以忍受功能手机的不便捷、操作缓慢。因而，买手机一定要智能就成为了用户新的刚性需求。苹果手机是否刚需？在此之前，用户肯定是对此嗤之以鼻，但是直到苹果手机推出市场，用户真正体验到了，才知道使用智能手机是自己的刚需。

那么，企业如何才能创造刚需呢？需要考虑三个问题（参见图 4-7）。

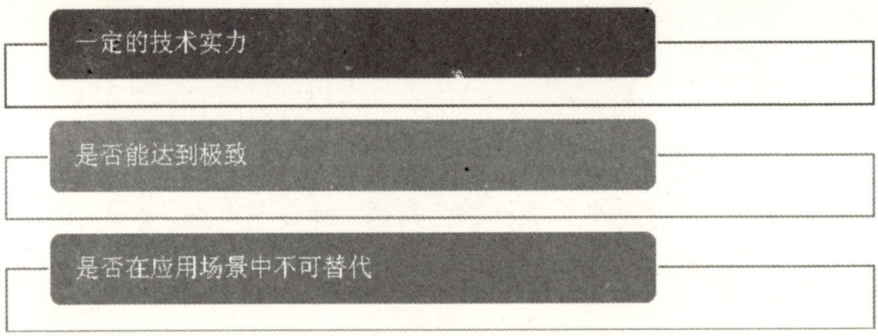

图 4-7　创造刚需应想清的问题

（1）**一定的技术实力**

企业的技术实力是否足以支撑起新刚需市场，如果不能，那么，你的产品所挑起的刚需幅度很可能很小，因为用户觉得这个产品也可以不用。

（2）**是否能达到极致**

在创造一个新刚需市场时，还要看企业的产品能否给用户提供极致的体验感，如此企业针对这个新刚需市场的营销才可能起到作用。就像是苹果手机，如果给用户的体验感不够极致，用户觉得与功能手机的体验感相差不大，那么用户的这个新刚需就不会被激发出来。

（3）**是否在应用场景中不可替代**

企业通过自己的产品创造新刚需时，需考虑一个问题，即这个需求是否在场景中真实存在，同时考虑是否可以被其他产品所替代。如此，企业才能创造出一个真正的新刚需市场。

3. 刚需与场景缺一不可

上文有述，企业如果开创一个新的刚需市场做营销，那么就要明确新刚需在应用场景中的不可替代性，足见刚需与场景有着密不可分的关系。此处，将深入讲解刚需与场景的关系，让企业了解，刚需与场景是缺一不可的，做到两者兼备、有效融合，企业的营销才能在新刚需市场达到自己的目的。

企业在寻找刚需市场时，往往遇到以下三个问题（参见图 4-8）。

图 4-8　企业寻找刚需市场时遇到的问题

问题 1：无刚需，无场景

臆想用户需求，甚至臆想刚需的问题比比皆是，这类企业的营销大多数是失败的。那么，什么是无刚需、无场景的市场呢？

比如，一个大学校园恋爱软件，该软件的创始人希望通过这样一个软件搭建平台、覆盖全国，满足不擅长谈恋爱的男女学生们的恋爱需求。而该创始人开发这样一个软件，其原因竟然是他身边的理工男让他帮助介绍女朋友。这样一个软件其面对的市场就属于无刚需、无场景。

从刚需的角度来看，恋爱确实是理工男们的刚需，但如果专门通过一个恋爱软件来满足刚需，就需要考虑他们的接受度。因为微信、QQ、陌陌作为强关系链条的软件，远比这样一个软件更能满足用户的需求。

从场景的角度看，这样一款产品如果只有聊天功能，必然是没有市场的。恋爱可以算是一个O2O场景，线上认识，线下接触或者线下接触后，线上深入认识。但是前者可以通过陌陌、探探等软件完成，后者则可以通过QQ和微信完成。所以，在这样的场景下，这款产品完全没有市场。

问题2：有刚需，无场景

有些企业的市场实际上面临着有刚需、无场景的问题。这些企业确实认识到了用户的刚性需求，而且产品也是朝用户需求的角度发力，产品也确实做得很精致、有调性，但是这类产品往往会遇到这样一个问题：用户没有驱动力使用这样一款产品，虽然用户下载App在手机中，但往往一个星期很难打开一次，食之无味弃之可惜，产品最后只能沦为鸡肋。

比如，一些宠物喂养的软件，它面对的市场就是有刚需、无场景。虽然很多宠物主人不懂宠物喂养，但是一旦遇到问题，一般是不会向时效性不够、准确度不够的手机软件求助，而是向身边有经验的狗友，或宠物医生求助。即使雇佣了全职专家团队，利用各种营销手法提升曝光度，但只能获得一时的效果，还是无法像百度一样让用户“有事问度娘”，遇到问题就会想起自己的场景。

问题三：有场景，无刚需

有些企业的市场实际上面临着有场景、无刚需的问题。这样一种软件更多的是满足用户的长尾需求。企业可以通过搭建一个平台来实现这些消费场景，但是用户的这种需求并不是刚性需求，而是可有可无。所以这样的市场也是不具备发展潜力的。

比如，一个专注做家常菜的软件，这个软件，希望能满足北漂白领对家常菜的需求。为了充分满足这一需求，该团队构建了大量的场景。如进驻小区进行地推，引进各地区的家常菜人才进驻平台C端，用众包模式满足用户的需求。

但是，虽然该软件构建了足够多的消费场景，也满足了一部分白领的需求，但是这种需求属于小众，且不是那种拥有海量用户的小众。因为现在餐饮业非常发达，相当一部分的家常菜需求都可以得到满足。

4.4 聚焦高频市场，随时随地满足用户需求

企业是否能达到极简营销的目的，除了市场要呈现小众、独特、刚需的特点，还需要高频。什么是高频？比如吃饭，人一天需要吃三顿饭就属于高频，每天出门要坐交通工具，这也属于高频。外卖产品与在线打车产品就是从这种高频需求中产生的。高频是企业成功进行极简营销的必备因素，没有这个因素，市场再小众、再独特，产品再能满足用户的刚需，也无济于事。所以，企业在聚焦市场时，一定要确定这个市场的需求是“1”，还是“N+1”。

1. 一切高频市场源于生活

企业要找到高频市场，关键是先找准用户生活的主场景，并以此作为核心切入点。这种生活场景可能是用户的线上生活，也可能是线下生活，它不一定会占据用户最多的时间，但一定是用户最基本且最频繁产生的需求。

比如，支付宝钱包和微信钱包，都是属于用户线上生活的需求，只占据用户几秒时间，但一定是频繁产生的需求。用户每天都要消费，先不说在网上购物，就是中午订餐都需要通过支付宝（参见图 4-9）或者微信进行，这个支付过程，用户花费的时间只需要几秒，但却是用户每天都会产生的。

图 4-9　支付宝的外卖订单支付

2. 从高频场景里发现高频需求

所谓高频场景，最容易让人理解的是当用户在水果店买好五斤香蕉要付款时，服务员告诉你，只要你扫个码，就能送你一个苹果。用户无法抵抗来自免费水果的诱惑，又不用付零钱，且减少了时间成本，几秒钟就能完成一次愉快的购物体验。

在这种高频场景里，有销售端的售卖、有支付端的便捷、有戳中用户痒点的营销，从交易到支付再到营销，一气呵成，流畅便捷。那么，在整个过程中，给水果店提供贷款，给水果店提供白条服务，给水果店提供服务，就成为了自然延伸的高频需求。

3. 随时随地满足用户需求

企业要如何才能满足用户的高频需求？方法很简单，即随时、随地与随心。就是说，用户不管在什么时间、什么地点，产生了这种需求，都能通过企业的产品来满足自己的需求。比如外卖产品，用户可能随时都会肚子饿，上午、中午、下午 3 点、傍晚半夜 12 点，更甚者凌晨三四点都可能肚子饿，都会产生叫外卖的需求。那么，外卖软件如果想获得成功，就要随时随地满足用户的这种需求。

这一点，美团外卖比饿了么要好许多，在饿了么软件上，大部分外卖在 12 点左右就停止接单，但是美团外卖却在接受订单。所以，美团外卖的用户忠诚度一直都比饿了么高，而且美团外卖通过满足用户不在餐点的外卖需求，不断占领其他外卖软件市场（参见图 4-10）。

4. 向红海“say no”

什么是红海？我们可以从吃这个角度来了解。人的饮食，可以分为早、中、晚三次。这都是属于高频的用餐时间，但是这个时间段的餐饮市场已经属于红海，企业的营销很难再产生作用。这个市场已经被饿了么、美团外卖、百度外卖所占据。那么，这就代表其他时间没有关于餐饮的高频市场了吗？当然有，下午茶和夜宵。

下午茶、夜宵和早、中、晚的用户需求有什么区别？前两者解决的是馋，后者解决的是饿的问题。一般在

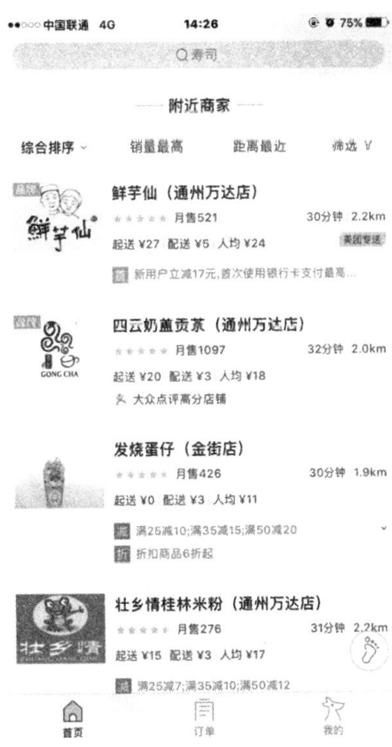

图 4-10　美团外卖

下午三四点和晚上十一二点，很多人都想吃点东西放松或热闹一下，那么就需要咖啡、甜点类的食品作为下午茶，需要啤酒、烧烤、海鲜类的食品作为宵夜。如果企业能满足下午茶与夜宵的需求，自然就找到了红海之外的蓝海高频市场。

秒拍瞄准的市场就是属于红海之外的高频市场。秒拍是一款视频产品，但是在视频行业，已经被优酷、爱奇艺、腾讯、乐视、搜狐、芒果TV这些有大背景、大后台的产品所吞噬，他们本身的竞争已经非常激烈，后来者或者实力较弱的企业很难进入这个市场。

视频本身就是属于高频市场，因为现在传统电视的开机率越来越低，大多数用户都是通过视频软件观看，且一天打开多次。如条件允许，公交、地铁、咖啡厅、图书馆、上班休息时间都可打开某个视频软件。

秒拍虽然属于视频产品，但是它找到了红海之外的高频市场——短视频。传统的视频网站主要针对长视频市场，但是秒拍的视频只有几分到几秒钟。虽然不是人人都会秒拍，但是秒拍的娱乐性内容，以及搭靠微博的优势，让其使用率只高不低（参见图 4-11）。

图 4-11　微博上的秒拍短视频

因为不是红海，不用和优酷、爱奇艺、芒果 TV 等视频巨头争用户，竞争较小。再加上微博的支持，秒拍几乎把短视频的用户资源都集中起来了。

4.5 聚焦样板市场，用最少投入换最大利益

复制样板市场，是一种被企业广泛应用的市场营销手段。好的样板市场模式，能够实现用最少投入换取最大利益的极简营销目的。但是很多企业，在样板市场复制的过程中屡屡碰到这样的情况，一个市场甚至很多市场屡试不爽的手段，但换了一个市场，却一败涂地。这是因何所致呢？其原因是企业不懂建立样板市场和复制样板市场的技巧。

1. 五个方法，迅速锁定样板市场

虽然复制样板市场模式效果非常好，但不是每个企业都能成功，其失败的原因就是不懂得如何锁定样板市场（参见图 4-12）。

图 4-12　锁定样板市场的五个方法

方法一：样板市场区域选择

企业要先选择对自己最有利的目标区域市场。目标市场的选择标准有以下几条：一是市场机会，看这个是否有一定的消费力、用户基数；二是竞争力度，如果竞争太大，那么后来者成功的机会就较低，如果较低，就需要评估该市场是否有发展潜力，或是其他竞争者未进入这个市场；三是天花板高度，需判断这个市场是否已经饱和，是否快要触及天花板，如果是，就不能选择该市场作为目标市场。

方法二：样板市场产品选择

聚焦大单品，并不是说指销售一个产品，而是只推一个产品。所有产品都围绕这个单品服务，也就是通过单品突破实现单品聚焦的目的。比如红牛、加多宝就属于这种模式，先聚焦、聚焦、再聚焦，让产品自动覆盖市场。

方法三：样板市场价格选择

企业在制定样板市场的产品价格时，要以“最易切入”为原则，不要想着覆盖所有的价格带，上至高端、下至最低端。企业可以用一种产品在样板市场上的价格带进行主打，然后根据企业资源配置、产品定位，选择最匹配产品定位、最容易切入的主流价格带作为市场切入点。如此，可有效提高成功率。

方法四：样板市场渠道选择

渠道数量的多少决定了产品的销售势能，决定与用户的接触机会。营销的根本目的是造势，势大则事半功倍。渠道建设也是一样，通过爆发式的铺货形式形成强势，加快产品挤占渠道的速度。如何才能最有效、最为快速地进行渠道建设呢？可以通过以下两种方式（参见图 4-13）。

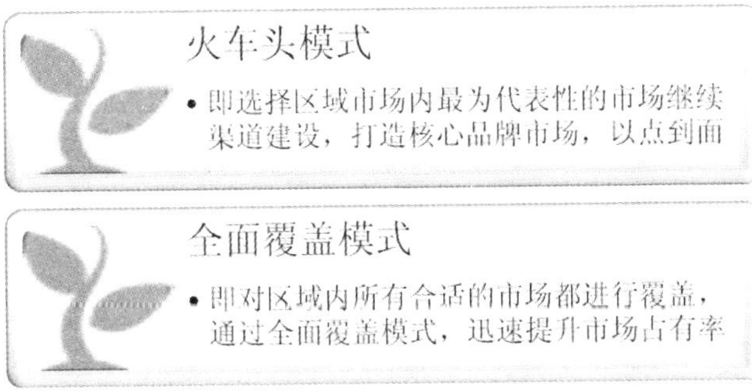

图 4-13　渠道建设的两种方式

方法五：样板市场日常维护

任何一个企业想获得可持续性快速发展，完成战略布局的第一步是：以企业所在地方轴心画圆，最大限度地打造牢固不可被他人占领的强势样板市场，而且还要把自己提高到进可攻、退可守的程度。想要打造这样一个样板市场，需做到以下几点（参见图 4-15）。

图 4-15　样板市场日常维护的三个方面

2. 五个问题，快速复制样板市场

复制样板市场，虽然看似一种简单的营销手段，一项简单的工作，但实际上却需要考虑很多问题。因为不是每个市场都能够复制成功（参见图 4-16）。

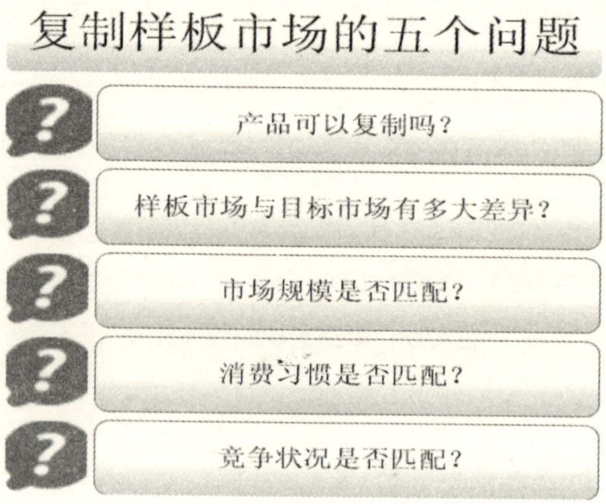

图 4-16　复制样板市场的五个问题

问题一：产品可以复制吗

在复制样板市场之前，企业首先要明确，产品本身是否属于标准化的产品，能否实现标准化的体验。以餐饮为例，炒菜类的菜品多数不是标准化的产品，但是火锅却是。因为前者从食材、厨师的功底会导致最后的菜品味道产生差别，但是后者从食材和底料都可以由总公司配送，可以保证味道的一致性。

ofo 共享单车就属于可以复制的产品，因为单车可以通过厂家统一制造，单车软件的使用模式也是一样的。所以才能从校园市场迅速复制到全国各大市场（参见图 4-16）。

图 4-16　ofo 共享单车

问题二：样板市场与目标市场有多大差异

把样板市场复制到目标市场，其重点并不是两者之间有多少共同点，而是有多少差异点。在各个维度上，只要有一个维度存在根本性差别，那么样板市场的复制就需要考虑是否要放弃，或者将在复制时做一些调整。

比如说 ofo 的样板市场是北大校园，那么在复制样板市场到社会市场时，就做了一些改变。北大校园的单车有些是由学生提供，但是社会市场的共享单车全都是由 ofo 公司自己提供。

问题三：市场规模是否匹配

这个问题主要出现在从小市场向大市场复制的过程中。随着市场规模的扩大，对产品运营团队的要求也越来越高，统筹、管理、应变能力都需要进一步加强。更为重要的是，不同市场，不同营销手段之间的成本规模，各个板块之间的成本结构，都将发生巨大的变化。

比如 ofo 要把市场从校区复制到社会上，校园的市场是有限的，但是社会的市场却是无限的。两者之间的市场规模存在着巨大的差异。因此，ofo 的团队如果只是原先的人肯定是无法符合社会市场的要求，需要不断地引进人才、弥补团队的不足之处，如此才能应对大市场的到来。同时，还有费用问题。原先在校区，有些单车是用户提供，且校园人数有限，所以单车的投放量、广告营销的费用都较低，但是到了社会市场，单车投放量需要成百倍增长。ofo 为了解决资金问题，只能不断引进融资。

问题四：消费习惯是否匹配

企业在复制样板市场模式时，还需要考虑到消费习惯是否匹配的问题，其主要分为三个方面（参见图 4-17）。

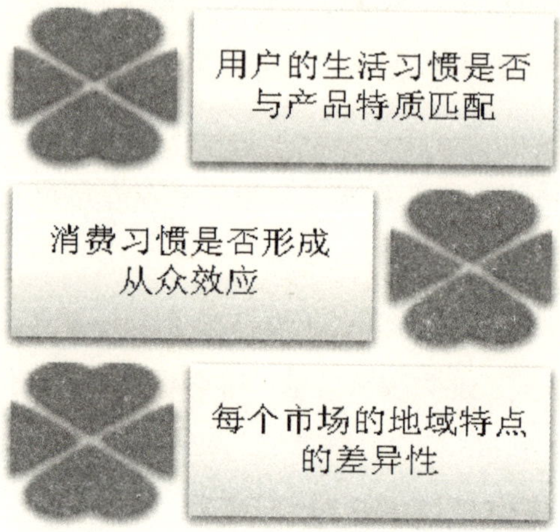

图 4-17　消费习惯匹配需考虑的三个问题

ofo 共享单车的消费习惯匹配显然考虑到了上图中的三个问题。如 ofo 把校园市场复制到社会市场，社会用户也有“最后一公里”的回家需求，且需求比学生用户更为明显，因此其产品的匹配度非常高。消费习惯的从众效应非常明显，就像是大家都爱买苹果手机一样，很多用户看到 ofo 的便利时，就会马上跟进，形成市场潮流，这一点已经被验证。校园市场的用户量较小，因为是学生群体，相对素质较高，且活动范围小，所以单车受损性较小，但社会市场，用户素质层次不一，不乏有些恶意毁坏，或挪为己用的事件发生，单车受损度高，因此 ofo 需要在社会市场付出更高的维护成本。

问题五：竞争状况是否匹配

竞争状况的匹配问题，需要从两个方面理解。一是竞争激烈程度。样板市场与目标市场的竞争对手是否相同？自身产品和主要的竞争产品的优劣势？目标市场是否已存在优势品牌？两个市场的竞争对手市场推广力度是否相同？对手的核心单品是否一致？这些都是需要进行深度考虑的；二是竞争模式。两者是品牌竞争还是渠道竞争。市场经济发达的地区，竞争偏于品牌竞争，营销网络扁平化特征明显；反之，则偏向渠道。

ofo 原先主打校园，并没有什么竞争对手。但是复制到社会上后，其面临的竞争者非常多，最主要的竞争对手是摩拜。除此之外，每个地区都会有不同的竞争者出现。比如 ofo 把市场投向北京通州，除了要面对摩拜之外，还需要面对专门在通州投放的酷奇。所以，每个市场，ofo 需要面对的竞争对手都是不同的。

5

CHAPTER

减法：少即是多，产品越简单越好卖

产品是为了销售而存在。一款产品外形美观、功能齐全、价格低廉，就是极致的产品吗？显然不是，产品设计还需要融入极简风格。简而言之，就是给产品做减法。

5.1 别给用户太多选项

一个想找一家餐厅吃饭的人，走在小吃街上，面对各式各样的小吃店，看似有很多选择，实际上却犹豫不决，不知道应该选择哪一家。这是因为选择太多而导致选择困难。企业生产产品也是一样，传统的观点认为产品的功能越多，给用户的选择更多，用户就会越喜欢。

事实上，人们在处理信息、学习规程和记忆细节方面的能力是有限的，选项越多，越无从下手，用户需要耗费的精力也越多。给用户设置多种选择，不是给用户提供便利，而是给用户制造痛苦。减少用户的选择设置，能够减少用户选择的痛苦，让用户快速做出选择，加快产品营销。并且，随着产品的不断更新，用户群也会不断得到巩固和扩大。

1. 减少比较项

企业经常通过设置尽可能多的比较项来表现产品的“大而全”，事实上，过多的选项并不有助于用户决策，反而造成了决策瘫痪。面对过多的比较选项，用户会通过考虑更多的因素企图达到“最优选择”。即使艰难做出选择后，还会想可能还有更好的、更便宜的产品。在这个比较、选择的过程中，用户的决策时间被拉长。当用户经过长时间选择还不能选到自己满意的产品时，就会放弃选择。减少给用户设置的比较项，能够减少用户做出选择时的干扰项，进而使用户更加快速、准确地做出选择。

某电商网页中搜索女装时的选项如下（参见图 5-1）。

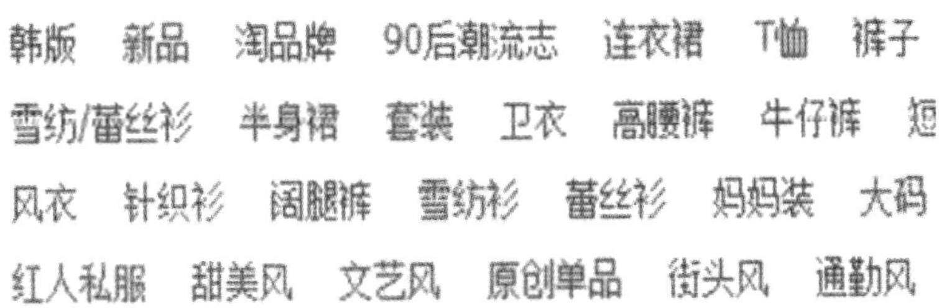

图 5-1　某电商女装选项

选项的设置包含多种款式、多种风格，看似网站上的产品类型非常齐全，但是过多的比较项在用户进行产品选择时却起到了干扰作用，用户既喜欢“甜美风”，也想看看“韩版”和“新品”，最终导致用户选择困难甚至失败。

如果只是根据女装的不同款式进行简单分类（参见图 5-2），并没有加入过多的比较项目，从而使整个界面看起来更加清晰简洁，用户在进行选择时也避免了过多的干扰，就可以快速高效地进行有针对性的选择。

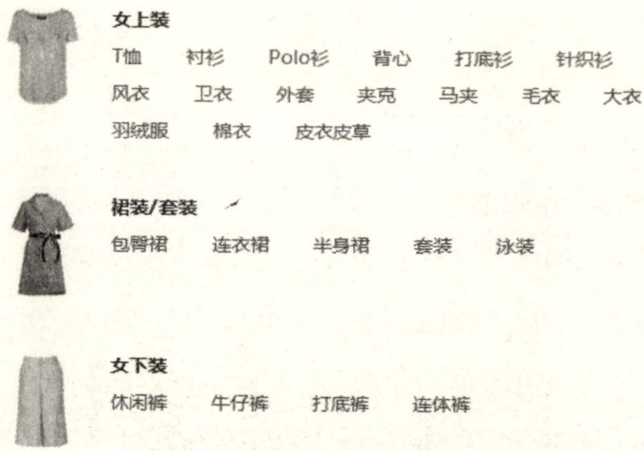

图 5-2 某极简风电商女装选项

正所谓少即是多，减少同类比较项，能够帮助用户更好更快地做出选择，促进购买。

2. 提供更少选择

为避免给用户过多的选项，最直接的办法就是限定用户的选择范围，给用户提供更少的选择。当用户的选择范围受到限制，可供其选择的因素减少时，用户做出决定所需要的时间就能够相应缩短，同时，也减少了用户由于选择过多而导致的选择痛苦。

Jack Threads（参见图 5-3）是一个男装品牌购物社区。为了减少用户的选择，Jack Threads 在其网站销售模式上采用了“每日一购”的方式，限定用户每天可以选择的服装种类，用户只能购买每天在网站上出售的货品，并且价格非常优惠。这样的方式看似限定了用户的选择范围，每天只有特定的几种商品出售，却减少了用户选择时所花费的时间与精力，帮助用户快速做出选择，为网站赢得了大量的用户。

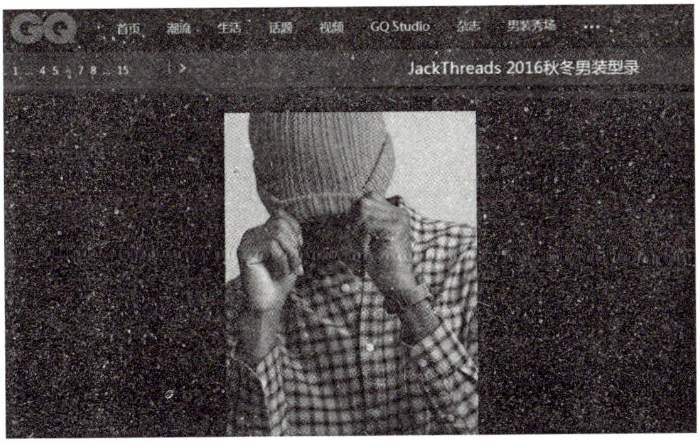

图 5-3　Jack Threads 社区网站

同样的，艺术类网站 Art Sumo（参见图 5-4）也一直秉承为用户提供更少选择的信念。由于其网站用户多为艺术家，对于画作选择需要长时间的观察、研究。所以，Art Sumo 网站同样采取了“每日一购”的方式，每天只为用户提供一幅有货的画作。通过对选择的限定与减少，用户能够对指定的每一幅画作尽情欣赏，在用户对画作感兴趣的时候促使用户快速做出选择。

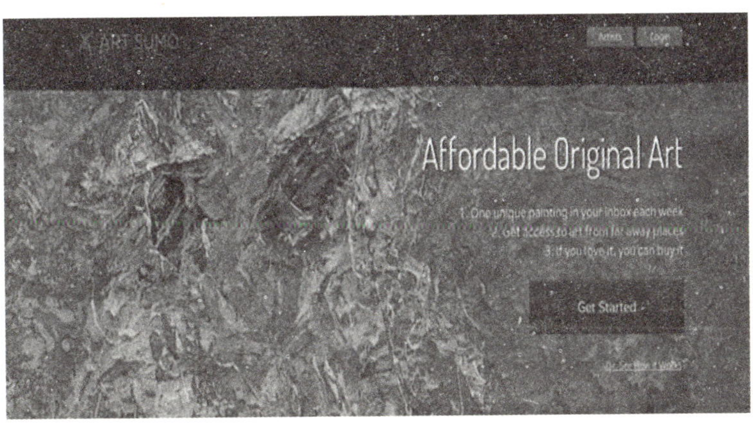

图 5-4　Art Sumo 艺术网站

以上两家网站都是通过限定用户的选择，减少了用户在选择时可能面临的困难，减少了其精力损耗，帮助其快速做出选择。

3. 帮助用户找到合适选项

与其给用户设置太多选择，让用户在其中纠结，不如替用户做好初步的筛选，免除用户面对大量选择时的困难，从而减少用户做出选择所需要的时间。这样既避免了给用户设置的选项过多，也不会由于刻意减少选项而导致用户错过合适的选择。

Grouper 是一家约会网站（参见图 5-5），帮助用户在海量的网站信息中找到适合自己的另一半。许多约会网站都会把海量的客户资料全部放进网站中，并设有包括年龄、身高、职业、家庭状况以及兴趣爱好等元素的可供用户搜索的数据库，用户需要根据自己的喜好填写全部信息，根据信息进行检索。这样的方式看似给了用户多种选择，但是很多用户并不确定自己喜欢的到底是哪一种类型，所以，让用户将理想对象的各个指标依次选择出来，无疑给用户增加沉重的负担，使选择更加困难。

图 5-5　Grouper 约会网站

Grouper 放弃了这种传统的方式，其通过用户的具体资料，帮助用户找到初步匹配的几个选项，让用户在有限的资料中进行挑选，大大减小了用户在选择时产生的困难。Grouper 利用用户在 Facebook 上的资料，为其找到匹配程度最高的异性，并且，为了避免约会中可能产生的尴尬，Grouper 还要求用户在约会时，双方需要带上两位同性朋友一起约会。当中可以是三男对三女、三女对三女或三男对三男。这样的方式既帮助用户在众多的选项中快速做出了选择，也成功避免了两人约会的尴尬。

5.2 根据奥卡姆剃刀原理做减法

奥卡姆原理又称“奥康的剃刀”，于 14 世纪由逻辑学家奥卡姆提出。奥卡姆剃刀原理强调“如无必要，勿增实体”，把烦琐累赘一刀砍掉，让事情保持简单，即强调简单有效。奥卡姆剃刀原理提倡避重趋轻、避繁逐简、以简御繁以及避虚就实，即把复杂的事情简单化，两步可以做成，不要三步。

在进行产品设计时，奥卡姆剃刀原理同样适用，简化产品设计，相同的功能采取简洁明了的表达方式，减少产品设计中的干扰因素，用最少的投入获得最大的收益。

1. 避重趋轻

避重趋轻，即避免多余、重复的元素，趋向轻应用，通过减少不必要元素的使用，使产品设计看起来简洁、轻松。不必要的元素会导致设计效率降低，并且会增加不可预期的后果。所以，在不损害产品美观以及产品主题表达的前提下，在设计中尽可能多地去掉不必要的干扰因素，会使产品更加简洁、清晰。

搜狗搜索引擎的主要作用是供用户进行信息检索，在页面设计时，搜狗搜索在实现信息检索功能的前提下，尽量减少了元素的使用（参见图 5-6）。

图 5-6 搜狗搜索引擎

除了用户进行信息检索所必需的新闻、网页、图片以及视频等信息分类按钮，完全没有点缀元素。这样的设计非但不会使页面看起来空洞，反而使页面变得简洁清晰。用户在使用搜狗搜索引擎时能够快速进行信息检索，而不是被多余的复杂元素与信息干扰，这对于提升用户的产品体验以及使用效率具有非常重要的作用。

2. 以简御繁

所谓以简御繁，即在实现相同产品功能的前提下，拒绝复杂的表达方式，把复杂的事归纳演绎为简单的事，用简单易懂的方式表现出来。产品功能越强，实现功能的步骤就越复杂，但是用户并不能真正理解复杂的步骤，极简主义下，只有简单易懂的操作方式才能俘获用户的心，所以，在产品功能不变的前提下，要尽量简化表达方式。

当我们在大街上偶然听到一首很好听的歌曲时，很希望知道歌曲的名字，以往只能记住其中的歌词，再上网进行搜索。网易云音乐针对这一问题为产品增加了听歌识歌曲的功能（参见图 5-7）。

图 5-7　网易云音乐听歌识曲

在用户听到歌曲却不知道名字时，只需要打开 App 的听歌识歌曲功能便可以快速获悉歌曲名称。这一功能的实现需要 App 本身的系统以及程序进行多次复杂的运转，但是网易云音乐却采用最简单的方式将其展现给用户。

用户只需要在手机上下载安装网易云音乐 App，在听到歌曲时打开 App 中“听歌识曲”功能，将手机靠近音乐源，并将手机的麦克风对着音乐源，网易云音乐就会自动识别出附近播放的歌曲名称，并弹出歌曲名称等信息。这种功能的表现方式简单易懂，给用户提供了最大程度的便利，深受用户喜爱。

3. 避繁逐简

奥卡姆剃刀原理提倡简化流程，避免不必要的作业，即避繁逐简。由于个体受自身思维方式的限制，简单的信息远比复杂的信息更有利于人们思考与决策。一个优秀的企业，需要学会精简流程，保持事情的简单化，在实现相同目的前提下，尽量减少中间流程，利用最少的人员实现目标。这样不仅可以为企业节省资金，还能够使用户在使用产品的过程中避免被过多的中间流程干扰，产生不好的产品体验。

同样是将产品置于卖场进行销售的连锁店，对于销售流程，屈臣氏（参见图 5-8）和优衣库（参见图 5-9）采取了完全不同的策略。每一家屈臣氏的店里都设有很多服务员，在顾客还没有进门的时候就已经开始产品介绍。当顾客进入店里以后，基本每个顾客的身后都有服务人员跟随，不厌其烦地询问需要什么商品，并向顾客推销店里的折扣商品。这样的销售模式看似非常热情，却使很多用户感到厌烦。当用户想要按照自己的想法喜好慢慢挑选商品时，服务人员一味地推销只会给用户造成干扰，使用户产生不好的体验，从而减少消费群体。并且，使用过多的服务人员还会增加企业成本，得不偿失。

图 5-8　屈臣氏

图 5-9　优衣库

优衣库与屈臣氏相比，进行了流程上的精简，给了用户很好的产品体验。优衣库没有专门负责向用户推销的服务人员，只配备了基本的收银人员，还有少量为用户找服装尺码的人员。用户在优衣库可以进行完全自主的选择，可以根据自己的喜好以及节奏进行物品的挑选，减少了推销人员的干扰，用户对于自己的购买目标就会更加明确，选定商品的时间也会相应缩短，但是销售量却不会因为推销人员的减少而下降。相反，用户由于自主购物获得了良好的购物体验，企业也因为精简流程，减少服务人员而降低了成本，获得了好口碑。

4. 避虚就实

所谓避虚就实，即在进行产品设计时，不论是产品的功能还是产品的设计元素，都应该以实用性为前提，不要只设计“花瓶”。产品的功能是为人提供方便，产品的好与坏也需要市场的检验，而市场对于产品的青睐很大程度上来源于产品设计的实用性。任何产品如果只实现审美功能，而忽视实用功能，都注定不会有长远的发展。所以，在进行产品设计时，要以产品的实用性为前提，避免让产品的功能变“虚”。

阿莱西是闻名全球的原创家居用品设计制造商，它的产品设计除了注重产品的美观外，还非常注重产品的实用性。阿莱西的理念与产品告诉我们，设计原来可以很简单、很生活化。阿莱西在产品设计中尽量减少了不实用的功能与元素，在审美与使用方面达到了非常好的平衡。

阿莱西的水壶很好地体现了产品的实用性与审美性的统一（参见图 5-10）。

图 5-10　阿莱西水壶

不论是水壶的形状还是提手的隔热设计都体现着产品的实用性，最有特点的为水壶壶嘴的卡通设计。这一设计使整个水壶看起来更加生动、有趣，而这一设计却并不只是单纯地为了好看而设计的“虚”功能，在水烧开时，水开的声音可以通过这一卡通设计扩散出来，更好地提醒用户。

所以，在进行产品设计时，要注意避虚就实，避免不实用的元素和功能，使每一个设计都有用。

5.3 根据知觉特性做减法

产品设计做减法、简约至上、别让我思考……这些道理人人都懂，但是能实际操作的人却少之又少。其实不管什么方法，它都围绕着一个共同点，就是人的“知觉”。什么是知觉？知觉是客观事物直接作用感官而在头脑中产生的对事物整体的认识。通过感觉，我们了解到事物的属性，通过知觉，我们对事物才有一个完整的印象，从而了解到它的意义。知觉呈现出四个特性，产品的减法设计都是围绕这四个特性进行（参见图 5-11）。

图 5-11　产品减法设计需遵守的知觉四特性

英语流利说，是一款英语口语练习软件（参见图 5-12）。从 2012 年创立至今，注册用户超过 4000 万人。2017 年 2 月，由互联网和 IT 权威媒体《互联网周刊》与 ENET 研究院联合发布的“2016 年中国人工智能企业 TOP 100”中，流利说位列 45 名。短短 4 年时间就取得如此傲人的成绩，与其掌握了知觉四特性的设计原则分不开。

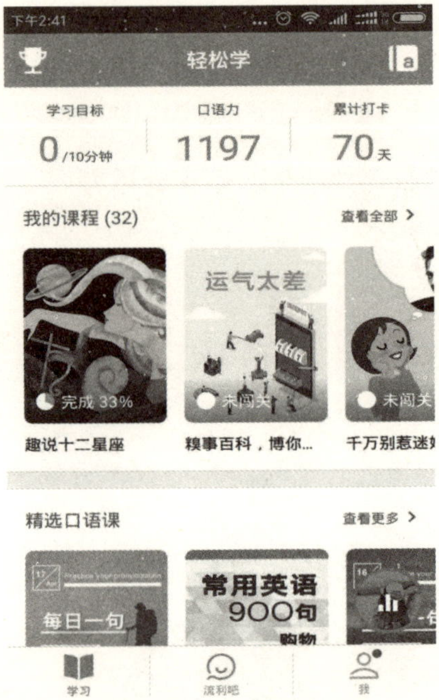

图 5-12　英语流利说

英语流利说的核心定位是“英语口语练习”，所以在产品设计的过程中，把英语语法、英语单词练习、英语阅读理解等其他英语背景信息全部删除，只放大“口语练习”这一点，让用户能准确地聚焦知觉对象。

在理解性这方面，英语流利说也是做得非常出色。用户点击进去就知道如何操作，比如看到练习按钮，就知道是练习的功能；看到闯关就知道是闯关的功能，用户一看就懂。

虽然英语流利说的核心定位只有口语，但并不代表它缺乏整体性。而是在用户对口语练习需求的基础上，不断增加新的部分，这些符合用户需求的新功能构成了一个整体。比如单个单词发音练习、音标发音练习、对话练习、场景模拟练习等（参见图 5-13）。

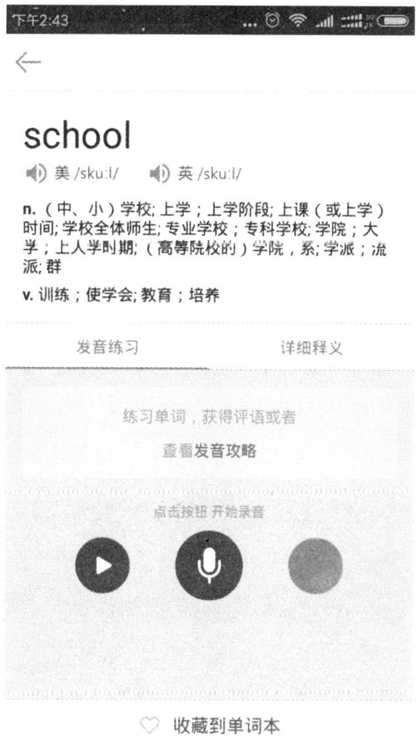

图 5-13　单词发音训练功能

此外，在恒常性方面，英语流利说也做得非常好。如果对某个功能进行大方面的改变，也不会采取一跃而就的方式，而是增加迭代的次数，每次做一个小改动，让用户从小改动中适应新功能。

1. 选择性：聚焦对象，删减背景

当我们仔细看一个物体时，它就会非常清晰地呈现在我们眼前，而周围却变得非常模糊。在这里，被观察的物体就是知觉的对象，其他就是知觉的背景。在人的知觉活动中，人总是选择把少数事物当成知觉的对象，而把其他事物当成知觉的背景，如此就能清楚地感知到与事物有关的一切。

当用户看到一款产品时，只会选择少数的产品信息作为认知对象，而将作为背景的其他信息都忽略，进而更加感知产品的某一特征。也就是说，如果用户对产品的认知对象选错，对其产品定位的理解也会产生错误，最终导致用户的失望与流失。要避免这种情况发生，就必须突出对象，弱化背景。也就是说，企业要把自己的核心定位放大、突出，把其他不必要的信息删减，减少用户在认知产品过程中的视觉感知负荷。

美图秀秀在这一点上把握得非常好，它的核心定位是美图。所以所有产品功能都是围绕这一点展开，比如“美化图片”“人像美容”“拼图”“一键美图”等功能都在突出美图这个核心定位（参见图 5-14）。把其他一些不必要的，比如像其他美图软件强调的社交、分享功能全都删减或者弱化。如此，就能让用户把知觉对象明确定位在“美图”上，强烈感知到在“美图”这一功能上，美图秀秀要比其他产品好。

图 5-14　美图秀秀的各个美图功能

2. 理解性：别让用户思考

如果用户在使用一款产品时，必须经过层层阻碍、道道关卡，花费很多精力去思考怎么使用这款产品。那么，此款产品注定失败。这与人的知觉与记忆、思维等高级认知过程有密切联系，所以当人们在看到某个事物时，总会先根据自己的知识经验理解它，并在头脑中用某种熟知的形式把它标出来。所以，在设计产品时，一定要容易理解，减少用户思维，企业可以通过以下两个方法进行（参见图 5-15）。

图 5-15　让用户容易理解的两个方法

3. 整体性，减法设计不是简单的相加

用户对产品知觉分为整体与部分，两者相互依存。人的知觉系统可以把个别部分综合成为整体。可以想象四个点，此时是否隐约出现一个四方形，这就是我们的知觉系统把四个点综合成为一个四方形。但是每个人想象的四个点的位置是不同的，因而形成的四方形也是不同的。由此可见，在知觉活动中，整体是由各个部分组成。心理学家内温的整体优先实验证明。人对整体的知觉优先于对个别成分的知觉。也就是说，人看某一事物，先看到整体，再看到各个组成部分。就像我们看到一辆车，先是看到车的整体，才会看到车的轮胎、玻璃镜、车门等各个组成部分。

所以，企业在给产品设计时，一定要注意整体与部分的关系。但是需要注意的是，部分简单相加并不等于整体，产品的整体功能也不是通过部分功能简单的拼接就可以。

如微信最早的版本，第一眼看到微信的这款产品，我们就看到了它整体的形象“通讯工具”，然后我们再看到它的组成部分，打字和更改头像这两个功能。

那么，我们可以说微信是一款产品了吗？显然不能，因为它虽然只有两个功能，看似达到了极简的要求。但是它是一个整体了吗？显然不是。为什么不是，因为这两个功能满足不了用户的需求。任何产品的极简设计都要建立在满足用户的需求上，用户需求无法满足，就不是一个完整的产品。所以，别为了追求极简而追求极简，还要考虑产品的完整性。

4. 恒常性：小步快跑，快速迭代

当知觉的客观条件在一定范围内改变时，人的知觉映像却依然保持着相对的稳定性。比如说，一本书，不管从哪个角度放，都能迅速判断出这是书这个物体。这就是知觉的恒常性。这与人大脑中的存储的知识量相关。人的视觉感知外部刺激后会把所有接收到的信息与大脑中存储的知识模块进行比较，并对其进行辨认。

根据知觉的恒常性，在企业通过迭代给产品做减法设计时，要采取“小步快跑，快速迭代”的原则，不要一下子就把产品改头换面，让用户产生认知困难。

5.4 根据先减非核心功能后加核心功能做减法

传统观念认为，产品功能越多，性能就越强，产品的用户也会越广。但是，研究表明，对于一个产品，用户经常使用的只是其中 20% 的功能，其余 80% 的功能属于次要功能，用户很少用到。一味地给产品进行功能添加，寻求“大而全”，只会使过多的次要功能对产品核心功能造成冲击，导致产品主题不突出，方向不明确。所以，在进行产品设计时，要学会对非重要功能做减法，砍掉一批非重要功能，然后再做加法，对于产品核心功能进行聚焦，实现产品设计极简化以及功能极大化。

1. 删减非核心功能

产品在上线前，已经积累了很多功能，在这些功能中，有些是实用的，有些则是不实用的。如果企业想让自己的产品一上线就能迅速吸引一批种子用户，那么就要把那些不实用的、给用户造成干扰的功能删除掉，即删减产品的非核心功能，给产品做减法。做减法看上去简单，事实上却比做加法难度更大。给产品做减法不是无目的地对产品功能进行删减，而是在综合考虑各方面因素之后，遵循一定规律对产品功能进行删减。

首先，要明确为什么做减法，是为了降低产品维护成本，突出产品新功能，还是提升用户体验。并且，对产品功能进行删减一定要以用户反馈为标准，哪些功能是用户经常使用的功能，哪些是用户较少使用的功能，以及功能的减弱或消失会不会影响用户的整体体验。在明确这些问题之后，则需要在保证产品核心功能不受影响的情况下进行合理化删减。

微信在 2017 年 5 月 17 日进行了一次更新，对于其核心功能进行了一定程度的加强，而对于一些非核心功能（为了提升用户体验），则进行了不同程度的减弱和删除。

此次升级中，微信将红包从钱包中进行了删除（参见图 5-16）。以往版本的微信，对于用户发红包这一功能要求设置了两种通道：第一种是由设置→钱包→微信红包，第二种则是在好友或者群聊天的对话框中进行红包的发放。但是基于调查研究发现，大部分用户习惯用第二种方式进行红包发放，第一种通道使用率较低。在不影响用户体验的情况下，微信选择了对第一种功能进行删减，这样不仅可以提升用户的体验，还可以留出更多的空间，使微信看起来更加简洁。

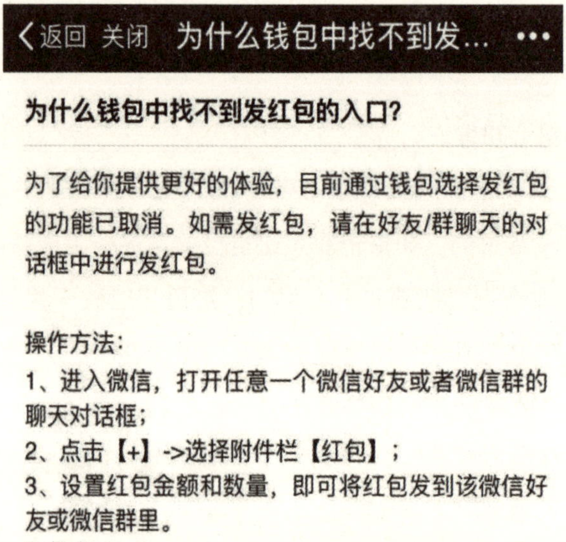

图 5-16　微信删除红包入口说明

在页面设置方面，微信根据功能的重要程度进行了调整。以往版本的微信，设置页面位于最上方的是“相册”功能，此次升级将“钱包”和“相册”功能进行了调整，把“钱包”功能放在了首要位置(参见图 5-17)。

图 5-17　升级版微信钱包界面

这说明微信意识到相册的权重没有钱包重要，而钱包，也就是微信支付，在微信帝国的版图架构里，无疑有着举足轻重的作用。将核心功能进行加强，减弱非核心功能，也是为产品做减法的重要方面。

给产品做减法，具体方式可以参考以下几点：

第一，明确产品定位。任何成功的产品都需要有清晰的定位，围绕产品定位以及对于核心功能的要求，将产品的各个功能根据重要性进行依次排列，突出核心功能，合并必要功能，删减多余功能。

第二，结合用户调研，用数据说话。给产品做减法不能只靠企业的一厢情愿，产品好不好最终的评判者是用户，要进行用户调研，深入了解用户需求，根据数据进行有目的的删减。

第三，进行提前验证。做完减法的产品究竟好不好，还需要市场的验证。但是，为了避免损失，在产品正式投入市场前，可以采用一些方式进行小范围的提前验证。如进行小范围的可用性测试，A/B 测试等。

2. 聚焦核心功能

删减产品的非核心功能，为产品做减法，目的是使产品更加简洁，功能更加突出。所以，在对产品的非核心功能进行删减之后，就要聚焦于产品的核心功能，并针对产品的核心功能进行不断优化升级，增强产品核心功能的体验感，使产品的核心功能更加突出。

微信于 5 月 17 日进行的产品更新，虽然版本号只更改了 0.0.1，但无疑是近半年来的最大一次更新。升级之后的微信对于产品的重要功能进行了不同程度的增加和加强。

新版微信增加了“微信实验室”功能（参见图 5-18)。“微信实验室”分为“搜一搜”和“看一看”两个功能。“搜一搜”为之前的“搜索”，而“看一看”则为之前的“朋友圈热文”。

图 5-18　新增微信实验室功能

这一功能的增加聚焦主要根据用户使用情况决定。对于微信，用户使用相对较多的一个功能是搜索浏览朋友圈文章并在自己的朋友圈转发，之前版本的微信，这方面的功能相对零散，此次微信升级就对这一功能进行了聚焦，使微信的重点功能更加突出，用户体验也得到提升。

此外，升级版微信还将微信把向商家付款、二维码收款、群收款、面对面红包，全部整理到了一起（参见图 5-19）。收付款已经成为微信的一项重要功能，升级版微信对这一功能进行聚焦，使入口更加集中，查找也更加方便，使微信功能得到了很大程度的加强。

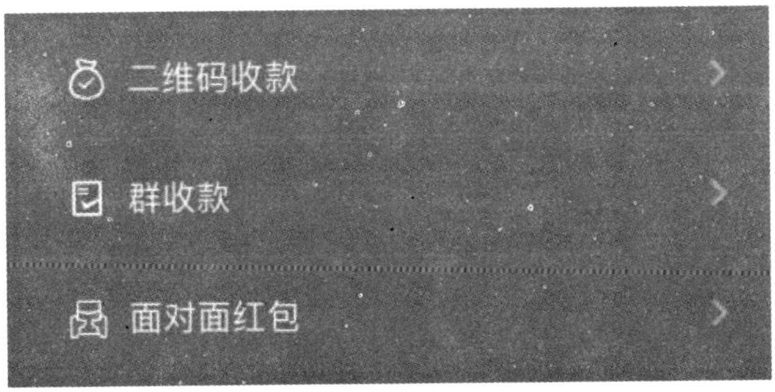

图 5-19　升级版微信收付款功能页面

对于产品功能的聚焦，主要可以从以下几个方面入手：

第一，确定产品特性。综合分析用户对于产品的态度，了解用户的偏好和需要，以调整和确定产品的特性。

第二，进行市场调查。根据产品特性进行市场调查，了解产品存在的不足以及潜在市场的开发，根据市场需求进行功能的删减或者新功能的开发。

第三，不断加强核心功能。一个产品赢得用户的关键因素是其核心功能。聚焦产品的核心功能并不断进行加强，能增强用户对于产品的依赖性，从而获得忠实的用户群体。

5.5 根据产品优化升级做减法

产品升级一个版本，减掉一个功能，简单来说就是在产品升级优化的过程中，将一些多余的功能进行删减，使产品本身更加简洁，性能更加出色，同时也更加适应用户需求。但是，不是所有的产品功能删减都可以称为产品优化升级。产品优化需要一定的前提，明确产品优化的目的，才能明确产品设计、功能的改变思路和方向，进而实现产品优化。

进行产品优化的目标多种多样，基于不同目的进行的产品优化升级方向具有很大差别。例如，针对目标用户群的优化，侧重产品开发框架优化、加载刷新优化、视觉体验优化；针对核心用户群的优化升级，主要从超级会员、高级权限、身份认证等方面入手；针对商业模式的优化，往往从产品广告以及增值服务方面入手等。以下仅从针对目标用户群以及针对用户反馈进行产品优化升级两种情况进行分析。

1. 针对目标用户群的优化

产品主要用户即为产品的目标用户群，一个产品的设计最重要的方面是满足目标用户群的需求。针对目标用户群进行产品的优化，能够使产品的定位更加清晰明确，用户群体也会更加忠实。

TIM 是腾讯出品的一款聊天办公软件，被称为“轻聊版 QQ”，在进行版本更新时，TIM 针对目标用户群对产品功能进行了有目的的删减，使升级优化后的产品更符合目标用户的使用需求。

TIM 将目标用户定位为办公用户。其针对办公用户的产品使用需求，对产品进行了相应的调整。TIM 在页面设计以及功能方面相比 QQ 更加简洁，减少了过多的干扰元素，如减少了对办公产生干扰的动态显示、新闻推送、界面装饰等，使 App 不论是功能还是界面设计都更加简洁，大大提升了用户的使用效率。

第一，在页面设计方面，TIM 减少了过多的干扰元素。QQ 的登录页面具有动态的画面，画面看起来更加复杂，TIM 的登录页面则减少了动态元素的显示，使整个登录页面显得极为静态（参见图 5-20）。

图 5-20　TIM 登录页面

第二，登录后的页面相比 QQ 更加简洁。TIM 与 QQ 相比，删减了不必要的模块，仅仅保留了聊天、语音等核心功能。

第三，新版本的 TIM 重新设计了注册以及登录页面，并且聊天页面还支持快速搜索聊天记录、文件以及聊天成员等功能。

第四，升级之后的 TIM 减少了 QQ 气泡与办公无关的多余功能，增加了很多实用功能。如增加了在线文档功能（参见图 5-21），支持多人同时在线编辑，提升了工作效率。此外，还支持 Word 以及 Excel 功能，充分满足了办公人员对于办公软件的要求。每个文档都可以进行实时编辑和保存，并且，为了对文件进行保密，TIM 中每一个文档都对应相应的链接，获取链接才能打开文档。

图 5-21　TIM 在线文档页面

对于办公软件，一个非常重要的要求是快速传输文件。优化升级后的TIM采用了QQ的底层核心技术，实现了对文件的快速传输。并且，所有文件都可以与微云进行连接，直接存储在网盘，以便随时找回查阅（参见图5-22）。

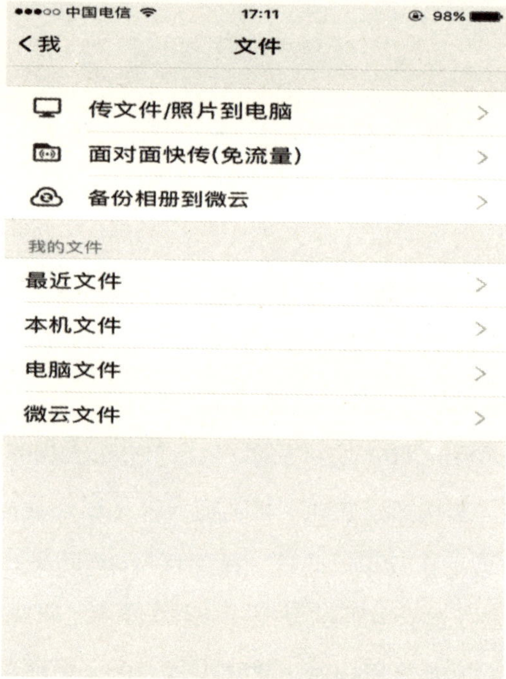

图5-22　TIM文件传输页面

TIM的日程功能除了能够对当天的日程进行定时提醒以外，用户还能通过TIM直接向好友预约会议时间，为工作提供了很大的便利（参见图5-23）。

图 5-23 TIM 定时提醒页面

TIM 还具有名片夹功能，当用户将名片拍下来时，TIM 就会运用 OCR 技术进行名片扫描并存储，为用户提供最智能、最贴心的服务。

TIM 还具有收藏功能。用户可以将重要的文字、图片、语音等信息放进收藏中，并且收藏还支持搜索功能，用户下次使用时不用一个一个进行寻找，直接使用搜索功能对信息进行检索即可。

以上内容是 TIM 在进行产品优化升级时，针对目标用户群的需求，对产品进行了有目的的升级，对办公人员使用产品可能产生干扰的因素进行了删减，增加了更适合办公人员使用的功能，使产品的定位更加清晰，并且增强了用户的黏性。

2. 针对用户反馈进行优化

产品的最终使用者与最终评判者都是用户，对产品进行优化，不能只依靠产品经理或者设计师的凭空想象，针对用户反馈进行优化后的产品才能真正符合用户的心理期待，这样优化之后的产品也是最适合用户的。所以，以用户反馈为基础，是进行产品优化的一个重要方面。

腾讯新闻迷你版是腾讯公司推出的集新闻信息、互动社区、娱乐产品以及基础服务为一体的大型综合类门户网站。在用户登录QQ时，自动为用户进行两次新闻推送。腾讯新闻迷你版非常重视用户的意见反馈，其产品优化升级的一个重要考量就是来自用户的意见和建议。在腾讯新闻迷你版用户意见反馈界面（参见图5-24），产品经理对于每一条用户反馈都进行了认真解答，并将这些意见作为产品优化升级时的主要方面。

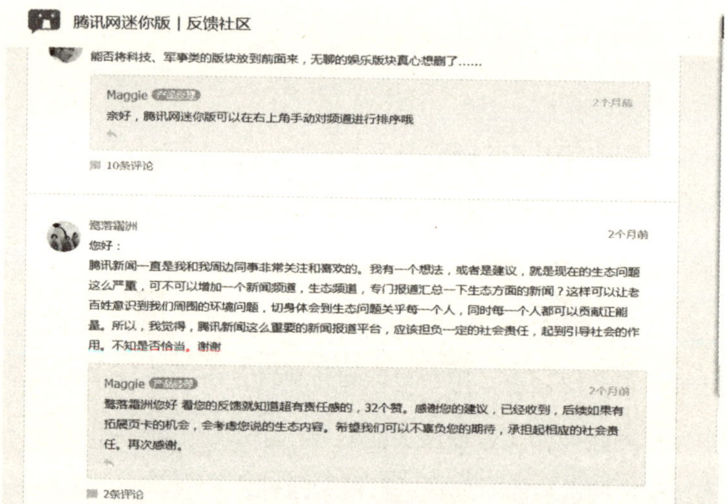

图5-24　腾讯新闻迷你版用户意见反馈界面

这样针对用户反馈不断进行优化升级的产品，才能更好地迎合用户的心理与使用习惯。

5.6 根据指标数据做减法

一个产品想要功能突出、定位明确，一定要学会做减法。给产品做减法涉及产品设计以及产品功能等多个方面，如何在各种设计和功能之间进行权衡，不是凭某个人的主观臆断，而是根据一定的规律。而这其中的规律，就需要建立在数据上，通过对关键指标数据的收集、整理、分析，挖掘产品的价值点，在客观的前提下对产品做减法，才能使产品既出色又符合用户需求。

企业通过收集、整理、分析真实完整的产品数据，产品的优势与不足以及用户对于产品的需求都会直观地展现出来，通过对数据的分析，企业可以根据用户需求有针对性地对产品功能进行删减，实现产品的极简化处理，同时提升用户的产品体验度。

蚂蜂窝旅行网是一家集游记、交通、美食、购物于一体的自由行旅游攻略信息网站（参见图 5-25），其用户每年超过一亿人次。由于网站用户众多，用户信息量巨大，蚂蜂窝旅行网对产品进行了数据分析，然后基于数据分析对产品进行了功能删减，实现了产品优化。

图 5-25 蚂蜂窝旅行网

1. 寻找并收集有效信息

想要基于数据对产品做减法，准确的数据是进行一系列活动的前提。首先要进行的就是寻找并收集准确有效的信息。

蚂蜂窝网通过专业的数据分析，依靠数据抓取和分析工具，对海量而有价值的用户数据进行收集。由于蚂蜂窝网的注册用户有 80% 都来自移动端，每天都能够沉淀大量用户信息，蚂蜂窝网的技术人员通过自行研发的旅游攻略引擎，对用户信息进行关键数据的提取，以获得真实有效的数据。

搜集数据的主要方法有以下几种：

第一种，企业自有数据分析系统。企业自有的数据对于进行企业自己产品的数据分析具有天然的优势，相较于其他方面的数据，企业自有数据更加准确、适用。

第二种，产品调研。在自身企业数据不完整的情况下，为了获取真实有效的信息，深入用户进行产品调研是一种非常有效的方式。产品好不好，最终决定者是用户，从用户中得到产品反馈而进行的数据分析，对于产品优化具有更加实际的意义。

第三种，参考专业调研机构数据。专业的调研机构数据准确权威，对技术人员搜集数据有帮助，例如，易观智库、百度统计等。虽然专业调研机构的数据具有重要的参考价值，但是也不能一味地相信。

2. 分析整理海量信息

在搜集到完整有效的信息之后，需要对海量的信息进行整理。只有将信息进行有序的排列整理，才能够从信息中发现潜在规律，真正发挥信息的价值。

蚂蜂窝网对于海量信息的分析整理，有一套完整的流程。面对海量信息，蚂蜂窝网的旅游攻略引擎会对信息进行自动化的语义分析、数据分析，提取酒店、餐厅、购物、拍照、联系方式、点评等关键信息，由系统分门别类进行归类，再经过后期的人工分析和编辑，最后以旅游攻略、调查报告等形式进行展现，供网站人员进行分析。

整理数据的具体方法有以下几种：

第一，利用数据整理分析系统整理数据。借助专业的数据整理分析系统，可以快速、准确地对大量信息进行整理，使其得以直观化的体现，这种方式非常便捷，是数据整理的常用方法。

第二，针对具体需求进行人工整理。当企业对于数据分析具有特殊要求时，常见的数据整理分析系统的数据展示方式不能满足企业要求，需要专业人员根据数据分析动机进行有针对性的整理，并以实际需要的方式进行数据结果展示。其中主要的划分方式包括市场细分、同期群细分以及多变量测试。

市场细分，是指把群体拥有某种共同特征的划为一个样本，根据市场进行划分，适用于多种类型的产品数据分析。

同期群细分，是指比较相似群体随时间的变化，能够观察处于生命周期不同阶段用户的行为模式，对于分析用户需求具有非常重要的作用。

多变量测试，是指同时对多个因素进行分析，用统计学的方法剥离出单个影响与结果中的某一项指标提升的关联性。同时改动产品的多个方面，看哪个与结果的相关性最大。

3. 根据需求筛选信息

将信息整理完毕之后，要让信息真正为己所用，则需要按照实际需求对信息进行筛选，找到切实有效的信息。

蚂蜂窝网通过对信息进行筛选之后发现，其网站用户量大约在一亿人次左右，其中酒店预订以及机票预订的订单量非常大，但是最终完成付款的订单量却非常少。基于这一结论，蚂蜂窝旅行网对用户在下订单之后的各个环节进行梳理，通过分析各个环节的转化率找到用户完成订单几率小、客户流失的关键因素，并对产品进行功能方面的删减升级。

4. 瞄准有效信息，进行优化升级

收集、整理、分析数据的最终目的是根据信息表现出来的问题进行相关调整与优化，这样才能够实现对产品做减法。所以，对产品做最终的优化升级，需要瞄准有效信息。

蚂蜂窝网通过实际测评发现，造成用户完成订单几率小的原因主要包括新用户登录注册方式烦琐、订单支付方式单一以及网站页面跳转环节过多等问题。这些问题都反映出由于网站功能设计过于烦琐而导致订单交易量下降。针对这一问题，蚂蜂窝网对网站进行了有针对性的功能删减优化。

对于登录注册方式复杂这一问题，蚂蜂窝网对原有功能进行了简化，增加了微信、微博、QQ 等第三方账号登录的方式（参见图 5-26）；由于以往支付方式比较单一，现在用户多习惯使用第三方支付工具，蚂蜂窝网增加了支付宝支付功能，为用户支付订单提供了便利；对于跳转页面较多的问题，蚂蜂窝网则将所有不必要的跳转页面都进行了删除，简化用户的操作流程，提升了产品使用效率。

图 5-26　蚂蜂窝网登录界面

升级优化后的蚂蜂窝网用户订单量显著增加。这与基于数据分析进行的产品功能删减，真正满足用户需求，提升用户产品体验是分不开的。

6

CHAPTER

极致：把一点做透让用户爽

极简营销的本质是让用户体验极致，是尽可能地让用户爽。只有让用户爽了，用户才会上瘾，才会主动追求产品。达到这种境界，营销就会变得非常简单。

6.1 唯有专注，才能极致

要想将产品做到极致，唯有专注。只有专注，才能集中所有资源和精力做一件事情，也只有做到极致，产品才能够从内心深处打动用户。用户才愿意将产品传播出去，形成良好的传播效应。

1. 贪多嚼不烂，专注做一款产品

互联网新营销有一个概念叫做市场卡位。如小米，成功界定了小米的用户，在品牌标签上定位就是高性价比，如你会在小米商城上买平衡车，但你不会去微软和联想买，这就是市场卡位。基于垂直用户做产品设计以

及产品细分，整合线上线下资源，在品牌传播上借助品牌人格化设计及营销 IP 的衍生品定制等方式，帮助企业品牌化建设及粉丝的共享、传播、导流，因此细分领域必然产生营销渠道上的创新。

很多传统企业热衷于生产多品类的产品，认为总有一款适合用户。正所谓贪多嚼不烂，企业生产的产品品类越多，代表花在单款产品上的时间越少，最后导致的结果只能是哪一款产品都做不好。专注做一款产品，就能集中企业的所有资源和精力，所生产出的产品必然具有出色的性能。

如河北东方韵健康管理股份有限公司，就是利用极简思维，专注做一款产品的成功实践者。

东方韵依托华北制药的科研与生产优势，研发出爆款产品“东方韵减肥大米调脂塑身系列”（参见图 6-1），该产品属于全球首款全生态自平衡减肥概念产品，包含东方韵轻脂米、东方韵黄金活性肽，从激活人体脂肪代谢功能入手，从根本上解决肥胖问题。为了使产品能有更好的体验，东方韵几乎把所有重心放在了这款“减肥大米”上，不断完善优化其中的不足之处，让用户有更好的减肥体验。那么，东方韵是如何专注打造这款产品的呢？

图 6-1　东方韵减肥大米

首先，基于用户的需要。任何好产品的产生都是建立在用户需求的基础上的，减肥产品也是一样。如果产品不适合用户，不是用户所需要的，再好也无济于事。东方韵对此有深刻的认知，因而“减肥大米”就是基于中国人体质研究出来的（见图 6-2。）

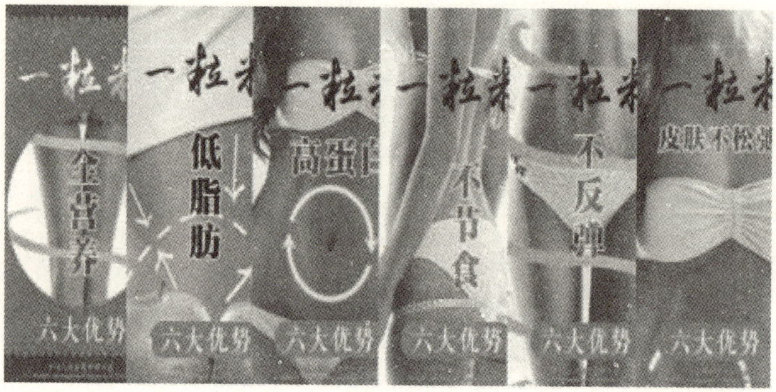

图 6-2　东方韵减肥大米的优势

其次，以人性化为产品核心点。东方韵的这款减肥大米的核心点是“追求减肥的人性化”，用户通过吃减肥大米可以解决以下三个传统减肥模式的痛点。第一，吃饱：在科学营养供应基础上吃饱，勿刻意节食；第二，睡好：睡足 7 个小时为宜，避免熬夜过度疲劳；第三，适度锻炼：目的是保持肌肉活力，不透支体力。

最后，共性与个性相结合。东方韵的减肥大米最后能成为爆品，实现东方韵追求的“极简营销”目的，是因为这款产品做到了“共性与个性相结合”。

共性，是指基础共性化调节，用成熟的营养产品方案，替代个性因日常工作繁忙而难以做到按科学方法实现减肥。东方韵用普通大众适合的“东方韵轻脂米 + 黄金活活性肽”这个爆品 + 普通产品的科学配对的营养组合，来纠正减肥者长期形成的内营养结合和组织液比例失衡的问题，以此达到改善使用者自身体内的脂肪代谢能力。

个性，是指个性化方案辅助，主要针对参与者的生活饮食习惯，为减肥设计适合自身的减肥方案，并加以动态化检测辅助。动态化检测，是指通过智能健康秤、移动终端、云数据平台之间的无间传输，保持对参与者身体的体重、肌肉、BMI、脂肪、水分、内脏脂肪、蛋白质、骨量、代谢率等22项参数变化的观测和评估，以及时对参与者提出预警、提示和指导。

2. 坚持只做一件事

产品做到合格，可能需要几周；产品做得优秀，可能需要几个月；产品做到极致，必定需要倾注大量的时间和精力。对于一件事或者一个产品，倾注的时间越多，做起来就越熟悉，坚持只做一件事，才有可能将一件事或者一个产品做到完美，做到极致。

日本一家名叫小竹的点心店用40年的时间坚持只做羊羹，将做羊羹当成了毕生的事业，将羊羹做到了极致。

这家位于东京吉祥寺商业街的小店，面积只有3.3平方米，老板一家三代将羊羹做了几十年。这家小店只出售羊羹点心，并且每天限量150个，每人限购5个，为了买到这种梦幻羊羹（参见图6-3），许多人早上四五点就来排队，要是赶上节假日，甚至有人半夜1点就来排队，其年销售额达到了2387万元人民币。

图6-3　羊羹

羊羹制作方法简单，只需将红小豆煮熟、碾碎，再与砂糖和琼脂混合熬煮，然后冷却成型即可。可是这家店却将做羊羹当作毕生的事业，每一种原料都精挑细选，每一道工序都严格到近乎于苛刻。不管是由于火候问题还是清洗小豆的方式的差异，做出来的羊羹味道只要稍有欠缺就要被扔进垃圾桶，由于四季气候存在微妙的变化，煮红小豆的温度也要随着当天气温和湿度的变化进行调整。并且，为保证产品质量，一锅只能使用 3000 克红小豆，做 50 个羊羹，每天做三锅就需要花费 10 个半小时，所以一天只能做 150 个羊羹限量出售。

羊羹在这家小店的坚持下已历经三代人，三代人坚持只做羊羹这一件事，并且对于制作过程一直非常专注，正是由于制作者对羊羹制作的专注和执着，才使羊羹受到顾客的广泛欢迎。在制作者的专注和执着下，羊羹不仅仅是一份点心，还是一份美到极致的艺术品。

6.2 细节设计，创造极致效果

正所谓，“于无声处响惊雷，在细节中见真知”。判断一个产品的好坏需要考虑多种因素，其中最引人瞩目的，往往是产品细节。细节决定成败，谁能把握住细节，谁就能获得成功。越简洁的设计，细节表现越难。细节并不是刻意去追求的，细节也不是加上去的，而是设计师在设计产品的时候为用户考虑所设计的，或者是产品结构所需要的。所以，在做产品时，一定要做好产品细节，于细节处提升品质，提升其在同类产品中的竞争力。

1. 基于用户需求做好细节体验

做产品，不是做企业希望的产品，而是做用户需要的产品，产品细节的设计也是如此。唯有符合用户需求的细节设计，才能达到极致效果。例如，一个景观设计师在设计由门口通往陈列馆的道路时，设计了多条看起来非常美观的路，可是人们还是选择践踏草坪走过去，因为这样的路线是最近的。一个忽略用户需求的产品，绝对不可能成功。相反，充分考虑用户需求，完善产品细节，则能够带给用户别样的惊喜与体验，大大提升产品在用户心中的好感度。

全民K歌是一款具有智能打分、专业混音、趣味互动以及社交分享功能的K歌软件。一经推出就吸引了大量用户。这与其充分考虑用户需求，努力完善产品细节是分不开的。对于网友在使用K歌软件时经常出现的问题，全民K歌在细节上进行了很多改善。

第一，很多用户在唱歌时，在前奏开始的时候都非常无聊，只能等，为解决用户的这一问题，全民K歌中加入了一个名叫“跳过前奏”的功能

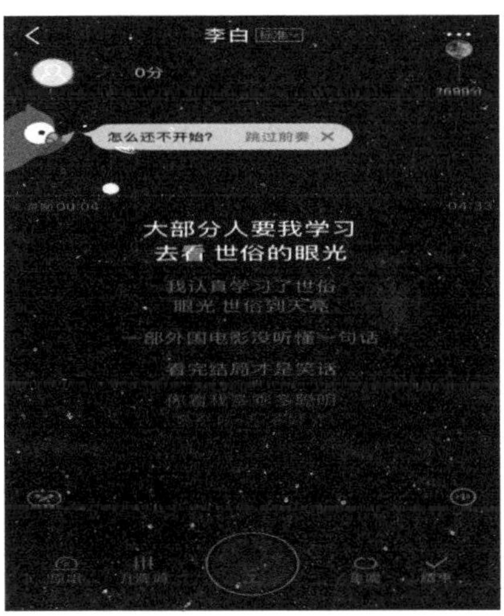

图 6-4　跳过前奏功能

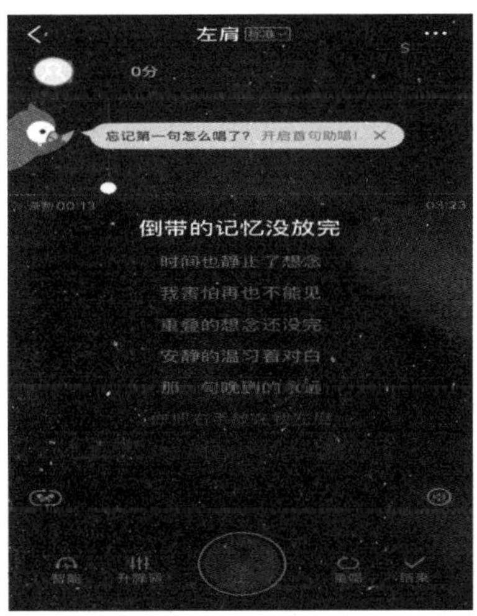

图 6-5　首句导唱功能

（参见图 6-4），解决了前奏时间过长的问题。

第二，很多不太会唱歌的用户在唱歌时总是找不准第一句的调，不是调高了就是调低了，全民 K 歌针对这一问题引入了“首句导唱”功能（参见图 6-5），如果用户找不准第一句的调，可以开启这个功能，由原音帮唱，以便找准调。

第三，普通用户经常唱不完一整首歌，只会唱高潮部分或者某一段声调符合自己的音乐，使用大部分音乐软件时用户只能播放整首歌，等待自己会唱的部分。全民 K 歌根据这一现象做了一个截取歌曲的功能（参见图 6-6），用户可以截取某一段歌词，只唱相对应的那一段。

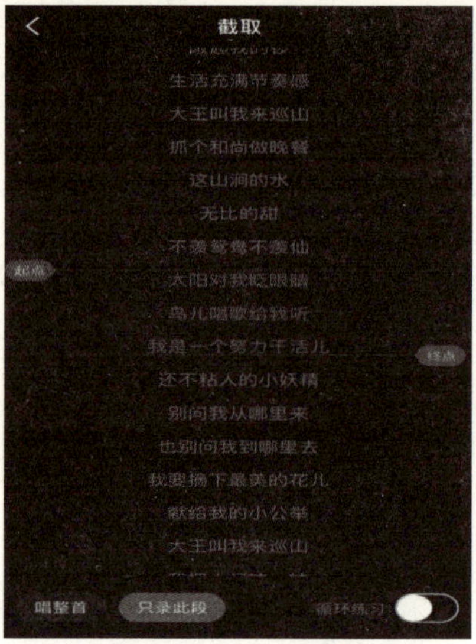

图 6-6　截取歌曲功能

以上这些问题其实都是产品设计中非常小的点，很多企业都会忽视，但是恰恰由于全民 K 歌抓住了用户真正的需求点，从细节之处进行完善，才能够在众多音乐软件中脱颖而出，获得广泛的用户。

2. 减少细节中的不必要元素

一个好的产品，在设计前期需要做加法，充分考虑产品功能定位与用户需求，但是，在产品设计后期，则需要学会做减法，要在完整体现产品功能性的前提下，在细节上尽量减少产品设计中的不必要元素，这样不仅能够使用户在使用产品时更加便利，也能够在细节之处体现产品简约的设计，提升产品的质感。

多多记账 App 是一款由腾讯出品的手机记账小应用（参见图 6-7），具有轻便智能的语音记账功能，真正实现了用户在路上用碎片化的时间就可以完成一次记账的愿望。

图 6-7　多多记账 App

很多人都希望能够通过记账实现财富有计划的管理和分配，但是由于现代社会工作压力大，生活节奏加快，绝大部分人都无法实现规律的记账频率，即使使用手机 App 记账，大部分记账 App 也是需要用户在各种分类下手动输入，还需要对输入的每项内容进行备注，非常烦琐。

多多记账 App 在实现用户记账功能的前提下，尽量简化操作步骤与页面设计。用户不再需要手动输入各种数字，只需要使用“按住说话”功能，如果你使用语音功能说“白菜 3 元”，它就会自动将语音转成相应的文字，而且在这条账目的前面，配上“餐饮——买菜”这个分类标签；如果输入的是“美人鱼 60 元”，它则会配上“休闲娱乐——电影”。并且，多多记账 App 的界面设计非常简洁，打开 App 不需要其他操作，直接可以进行记账，给用户提供最大的便利。

多多记账 App 在产品细节之处实现的简约而不简单的设计，不仅给了用户全新的体验，也牢牢抓住了用户群。

3. 于细节处体现容错性原则

优良的性能以及简洁美观的外观设计是产品成功必不可少的关键因素，但是，现在用户对于优秀产品的要求远不止于此。用户还需要良好的产品体验，而良好的产品体验往往于细节处体现。在产品细节之处体验容错性原则是提升用户体验的重要方法。

容错性是产品对错误操作的承载性能，即一个产品操作时出现错误的概率和错误出现后得到解决的概率和效率。容错性原则主张允许用户犯错，并且在用户犯错后给予人性化的反馈，避免用户由于犯错出现焦躁不安的情绪，影响用户整体体验。产品容错性设计能使产品与人的交流或人与人借助产品的交流更加流畅。

在用户进行搜索时，可能会由于已知信息不准确或者对于搜索功能不熟悉等问题而搜索不到结果。新浪微博为了避免用户出现焦躁情绪，在细节设计中很好地体现了容错性原则，在未检索到结果时，新浪微博给予了用户积极的反馈（参见图 6-8），为用户提出了检索建议，避免用户出现焦躁情绪。

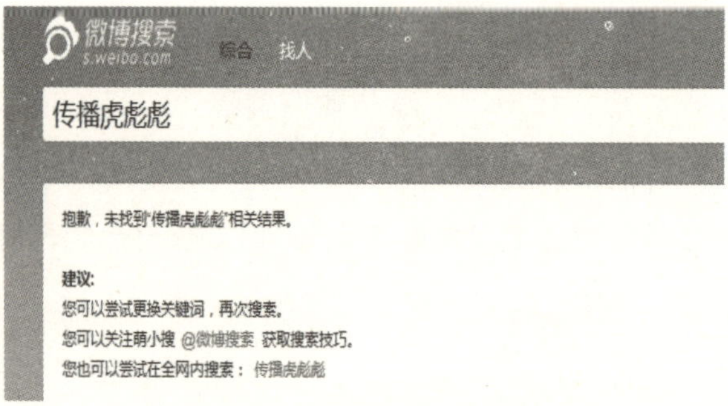

图 6-8　新浪微博反馈界面

在产品细节之处体现容错性原则可以从以下几个方面入手：

第一，增加引导、提示性内容。为用户提供尽可能详尽的文字说明和指导方向。

第二，在用户发生错误时，给予积极的反馈和帮助。用人性化的语言为用户提供进一步的建议，避免用户产生不良体验。

6.3 心理预期设计，营造极致惊喜

符合用户预期的可以说是合格的产品，而超出用户预期的才是极致的产品。符合用户预期的产品带给用户的是“我正好需要这个功能”，而超出用户预期的产品带给用户的则是“原来还可以这么玩”！超出用户预期才能够给用户带来惊喜，进而扩大用户群，增加用户黏性。所以，企业的产品需要在满足用户基本需求的基础上，努力做一点超出用户预期的东西。

1. 比用户多想一步

只有给用户超出其心理预期的体验才能给用户带来惊喜，而超出用户心理预期，就是做到用户没有想到的。当用户对一个产品所实现的功能从未想过，从未抱有期待的时候，用户才能发自内心地感到惊喜，并对产品产生认同感。所以，要做超用户预期的产品，不仅要满足用户自身所期待的需求，还要真正站在用户的角度，比用户多想一步，帮助其完成更进一步的需求。

快递员送完快递下楼的时候顺便帮用户把要扔的垃圾带下楼，这就

给了用户超出心理预期的体验。因为用户对于快递员的心理预期就是其将快递准时安全地送到自己手中，而帮用户扔垃圾则是快递员真正站在用户的角度，为用户多想了一步，做了用户心理预期之外的事，给用户带来了惊喜。所以，站在用户的角度，比用户多想一步，使产品的用户体验超出用户的心理预期，才能够给用户真正带来惊喜，从而获得忠实的用户群体。

QQ 的口令红包就做到了比用户多想一步，所以才使用户感觉到惊喜。当用户对于口令红包并不熟悉的时候，用户像往常一样点击红包去抢红包，突然发现左下角有提示要输入口令，而当用户真的以为并准备手动输入红包口令时，却发现点击下口令就能自动输入成功，并且成功抢到了红包，这就使用户感觉到非常惊喜（参见图 6-9）。因为用户只想到了手动输入红包，而 QQ 却比用户多想了一步，使用户操作更加便捷，给了用户超出心理预期的体验。

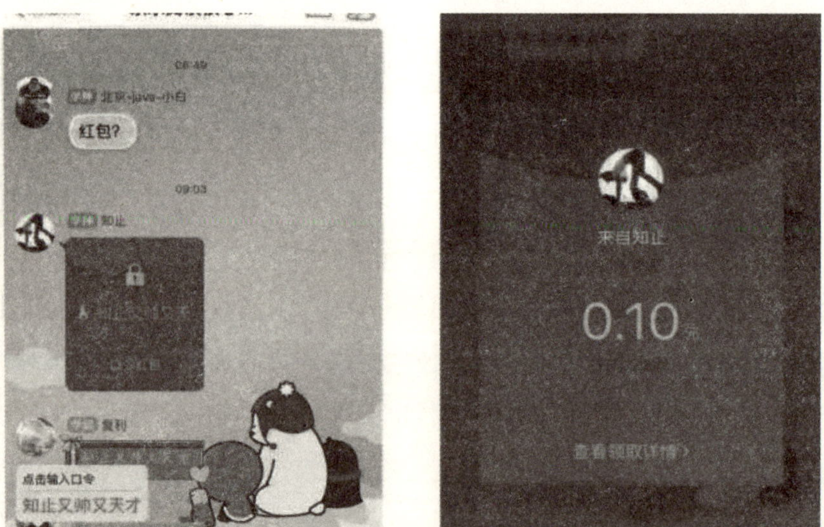

图 6-9　QQ 口令红包

2. 管理用户期望值

超出用户预期，其实就是提高用户满意度。而用户满意度，是一个非常主观的判断标准，是产品质量和用户对于产品的预期相比较作用的结果，当产品的质量高于用户对于产品的期望值时，便做到了超预期。所以，产品要做到超用户预期，除了努力提升产品本身的质量以外，还可以通过管理用户期望值实现。在一定程度上控制并降低用户对于产品的期望值，更容易使用户使用产品后产生满足感与幸福感。

小米手机在管理用户期望值方面是一个反例。小米手机在手机上市之前，通过微博，论坛、新闻媒体等各种渠道对手机进行营销，对手机性能、外观等方面都进行了全方位的宣传，通过宣传小米手机的高性能、高配置以及售后服务完善等，使很多用户对小米手机有了很高的期望值。但是，在小米手机上市仅三周之后，便出现了发货慢、频死机、通话破音以及用户申请退换机的现象。出现这种问题，与小米手机本身存在的质量问题分不开，但是也有很大一部分是由于用户对于小米手机期待值过高，以至于出现问题之后用户会失望。

所以，做超用户预期的产品，不仅需要提高产品质量，还要学会管理用户期望值。管理用户期望值，要学会吊用户胃口。如苹果手机在上市之前会有节奏地给用户透露一些产品信息，但从不会完全透露，使用户对产品始终抱有期待。同时，要注意不要过分夸大产品性能，正所谓期望越高失望越大，降低用户对于产品的期待值，在用户使用产品时就会容易感到满足。

3. 超出预期的，不只有功能

产品要超出用户的预期，不仅可以从功能上入手，还可以从情感上入手。

如果一个产品强调的仅仅是功能，已经远远无法征服用户了。就像同样是手机，动辄五六千块的苹果手机可以打电话发短信，几百块的手机同样也可以打电话发短信，基本功能都相差无几，为什么人们还是对苹果手机趋之若鹜？最根本的原因是产品能够带给用户情感上的认同感、归属感，以及产品除功能以外所代表的审美标准与价值观。在实现产品功能的基础上，在产品设计中注入更多的情感，给用户除功能体验以外的人文关怀，一定能够给用户超出预期的体验与惊喜，而超出预期的惊喜往往能够使品牌深入用户内心，实现品牌的长足发展。

对于水杯，人们的预期早已不是简单地完成喝水的功能，更多的是是否符合审美，是否环保以及水杯能够给人怎样的情感体验。No SPILL Cup，是一款由荷兰设计师 Mileha Soneji 专门为帕金森病人设计的水杯（参见图 6-10）。

图 6-10　No SPILL Cup

帕金森病是一种常见的神经系统疾病，病人的手在拿东西的时候会不由自主地剧烈抖动。帕金森病人用普通的水杯非常不方便，水经常因为晃动洒出水杯。而这款水杯通过弧形的上沿来保证即使再大的震颤也不会有一滴水洒到外面，既保证了用户不会被洒出的热水烫伤，也避免了帕金森病人在公共场合喝水时遭遇的尴尬。这样的水杯不仅承载了满足用户喝水的功能，其产品所展现出来的人文关怀也给用户带来惊喜。

6.4 功能简化设计，感受极致体验

什么样的产品可以让用户用起来爽？就是要让用户在使用产品时感觉一点就透，操作流畅。复杂的产品不可能持续。盲目添加的各种功能，到最后只能成为垃圾功能。一味追求复杂化的产品，显然不符合用户对极简主义的追求。所以，在进行产品设计时，不论从外观设计还是操作流程上，都应该进行简化设计，给用户极致化体验。但是，简化设计并不代表功能缺失，也不代表不需要装饰。进行简化设计需要站在用户的角度，以用户的实际需求为出发点，避免一切与用户操作相矛盾的因素。如电脑网页版与手机移动端的设计。手机移动端相比于 Web 版需要有更强的灵活性与针对性，用户对于手机移动端的功能性需求要远远高于 Web 版，所以，手机移动端不管是 UI 设计还是功能，相较于 Web 版都应该更加简洁。

时光网 Web 版的电影详情页面（参见图 6-11）与手机移动端的电影详情页面有很大的不同（参见图 6-12）。

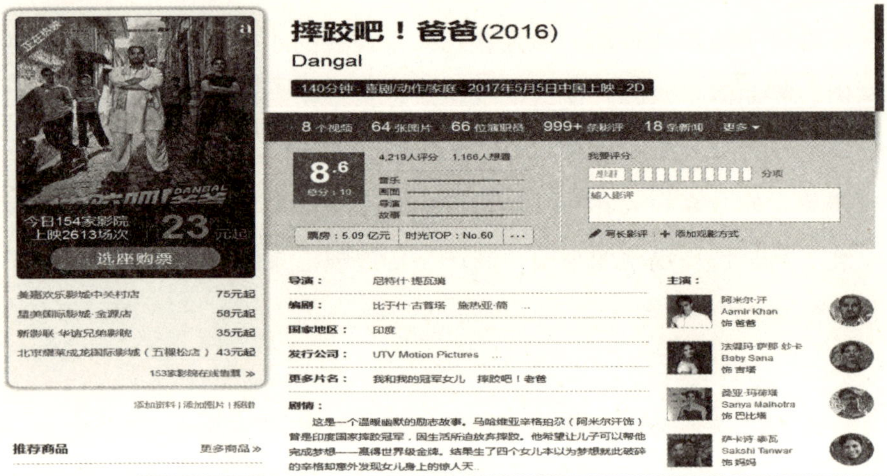

图 6-11　时光网 Web 版的电影详情页面

图 6-12　时光网手机移动端的电影详情页面

对比时光网两种终端的 UI 设计，我们可以看到 Web 版中展示的电影相关信息非常多，其中包括影片名、导演、编剧、演员等基本信息，还包括电影剧照、预告片、评分以及其他电影相关资讯。而在手机移动终端上，则进行了各方面的简化设计。

1. 不必要的因素通通删除

产品的功能越多，用户对于产品的具体印象就会越模糊，删除产品不必要的特性能够使产品特点更突出，增强用户使用产品的针对性。

由于手机移动客户端相比电脑网页版对于页面简洁的要求程度更高，在影片评分的细节上，时光网手机移动端采取了“删除”策略。删减掉包括音乐、画面、导演、故事等四个方面的评分情况，只显示相对来说最重要的总分；并且，基于移动端的使用场景，用户进行快速购票的需求大大高于查看比较信息，所以也删除了影评和资讯的部分，以及 Web 端用来导流的相关活动模块。

但是，对产品功能进行删除不是漫无目的地删除，需要遵循一定的规则。

第一，在保护产品核心功能前提下删除。每个产品都有自己的核心功能，要在保护产品核心功能的前提下进行删除。如时光网对于影片评分的处理，总分代表其核心功能进行保留，音乐、画面、导演、故事等四个方面的评分情况则可以进行删除。

第二，删除残缺功能。残缺功能指技术不完善以及容易给用户造成精神负担的内容。删除残缺功能能够避免给用户造成不理想的产品体验，同时也降低了产品维护的成本。

第三，删除干扰因素。所谓干扰因素指的是能够分散用户注意力的因素，删除干扰因素，能够突出产品重点。干扰因素具有很多种（参见图 6-13）。

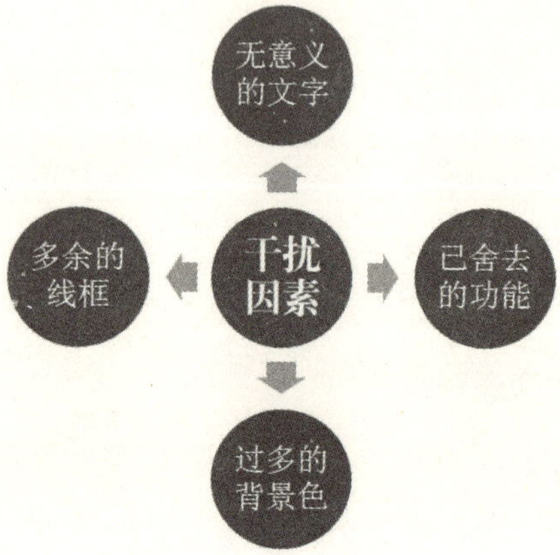

图 6-13　干扰因素种类

2. 把关联内容组织到一块

每一个产品都需要进行分块，把相关联的操作内容放在同一个模块里。这样在用户使用产品时就能够更加便捷地找到目标功能。“组织”是指将产品的功能元素和 UI 元素按照一定的规则进行分类，重新组织，并按照模块的形式进行排列组合。

如时光网在影片基础信息介绍方面，Web 端分别将影片导演与演员进行了介绍，手机移动终端因为用户对于获取影片基础信息方面需求较弱，所以将导演与演员信息进行了组合，节省更多空间。

对产品进行“组织”，首先要进行分块。根据产品逻辑关系，将页面内容进行重新组织；然后围绕用户的行为，结合产品功能设计的任务流程进行相关元素的组合。如导演信息与演员信息都属于影片基础信息大类，就可以将两个信息进行组织合并，节省出更多的空间。

3. 隐藏次要功能

隐藏的对象是那些不能删除但是使用频次相对较低的功能。对产品功能进行合理的隐藏设置，能够使产品布局更加合理，增加产品空间。

如时光网在剧情简介的部分，则使用了“隐藏”策略，用户需要点击一个小箭头才能够展开阅读，同样剧照也是如此处理，用户可以直接看到预告片。

隐藏的主要方式有以下两种。

第一，合理分层，阶段展示。将具有渐进式的功能进行分层隐藏，每次只展示用户当前需要的信息。尽管这样的设置需要用户进行多次点击，但是点击的次数却不是影响用户体验的关键，反而能够使页面看起来更加简洁。

第二，隐藏在常用功能之下，设置更多内容选项。如 iPhone 中口述影像这一功能使用率相对较低，就可以通过设置→通用→辅助功能→口述影像进行隐藏（参见图 6-14）。

图 6-14　口述影像功能

4. 将复杂功能转移他处

转移，是将功能和元素从本产品向其他功能、产品、用户转移的策略。在人机交互方面，将主要功能设置在离用户最近的地方。

例如，手机移动终端用户的最大需求为购票，在这方面时光网则采用了“转移”策略。为实现更好的人机交互，手机移动终端将“选座购票”按钮放在了离用户手指移动距离最短的位置上。

转移可以从以下几个方面入手：

第一，跨平台。将复杂的功能进行转移，通过其他平台得到体现。例如，简化遥控器的设计，将复杂功能转移到电视；或者简化手机移动终端的设计，将更多的功能通过 PC 端进行体现。如时光网将电影的更多相关活动咨询和链接转移到 PC 端以实现手机移动终端的简洁。

第二，将产品进行更多的自动化设计。例如，在微信里面自动长按手机号码类似格式的数字会自动弹出拨打或录入通讯录的提示。

综上所述，我们可以看到对产品进行简化设计主要可以从删除、组织、隐藏、转移四个方面实现。

6.5 操作方式简化设计，体会直观感受

用户不是工程师、设计师，对于产品他们不是用逻辑判断，而是用直觉。用户都期待能够用最少的步骤、花最少的心思操作产品。因而，如果哪款产品能让用户无须经过思考就能操作，哪款产品就能够获得成功。

要做到这一点，就要简化产品操作步骤，给用户提供恰到好处的功能，帮助用户最快抵达想要达到的操作目标。但是，简化产品并不代表这

个不要，那个也不要，而是要遵循一定规律进行合理简化。

1. 简化操作方式

以前的非智能手机进行操作时，想要选择一个功能，需要用“方向键”上下左右来回移动，当焦点移动到要选择的功能时，再按下“确认键”，而现在的智能手机，在选择应用时，只需要手指轻轻点击相应应用。智能手机的解锁方式，从最开始的需要每次手动输入密码，到如今的指纹解锁，都是操作方式的简化。

任何情况下，用户都倾向于简单易懂的产品，复杂的操作方式会耗费用户更多的注意力和理解力，给用户增加心理负担和压力，并且，多一次操作，就意味着多一次注意力的转移，也意味着用户不能够对产品进行聚焦，从而加大用户放弃产品的可能性。简化产品操作方式，使产品变得更加容易上手，不仅可以提升用户使用产品的体验，还可以扩大产品的用户群。

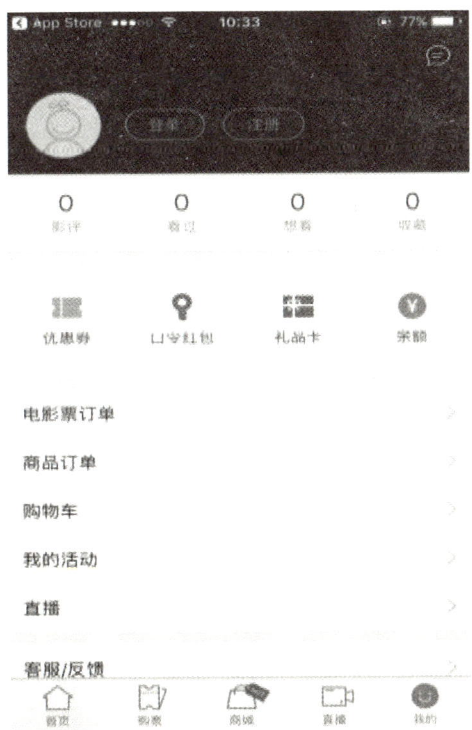

图 6-15　App 登录界面

当我们使用手机登录一个新的 App 时，App 系统会提醒我们进行登录或者注册（参见图 6-15）。

如果已经进行过账号注册可以直接输入账号、密码，如果没有，则需要进行注册。进行注册时用户需要首先输入一个没有被其他用户使用的账号，还要进行密码设置，以及绑定手机号等一系列复杂的操作。用户对于一个新的产品本身并没有太高的忠实度，复杂的操作方式只能加速用户的流失。

针对这一问题，很多 App 进行了操作方式的简化。以时光网手机客户端为例，大部分用户的手机上都注册并使用了 QQ、微信、微博这三种常见 App 或者其中一种，基于这种情况，时光网手机客户端在新用户首次登录时，除了保留以往用户进行账号密码注册的方式外，还设置了第三方账号登录的选项（参见图 6-16），用户只要点击其中任意一种，则会进行页面的跳转，在其页面上点击确定则会自动使用 QQ、微信或者微博账号登录，大大简化了操作方式。

图 6-16　时光网登录界面

2. 减少操作阻碍

用户在进行产品操作时，体验好不好，除了操作流程的简洁与否，很大的原因还在于操作过程是否流畅。试想一下，如果你在某网站填写报名信息时，期间没有任何提示，当所有信息填写完毕点击提交时却显示由于学号没有区分大小写而提交失败，只能进行重新填写，这无疑影响了用户操作效率，降低了用户体验，比操作流程的冗余更加可怕。减少用户使用产品过程中的操作阻碍，就可以进一步提升用户体验，让用户从直觉上体验到产品的简洁流畅。

菜鸟裹裹的收件人信息填写页（参见图 6-17），在用户编辑信息之后，在未保存的状态下点击退出键，系统会自动提示是否放弃本次编辑，以供用户再次确认。这样的设计可以防止由于用户的不当操作误点返回键使编辑信息丢失而进行二次编辑，减少了用户操作时可能存在的阻碍。

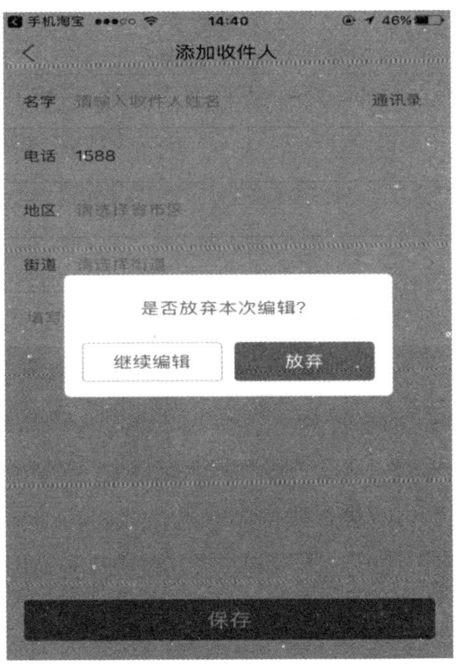

图 6-17 菜鸟裹裹的收件人信息填写页

iOS 系统在进行系统更新时，及时给用户反馈，对于系统升级的操作流程优化做得非常好。iOS 系统在用户进行系统升级操作时，会提前检测用户的电量，如果电量不足以支撑完成更新，会提示用户将 iPhone 或 iPad 插上电源再进行更新（参见图 6-18），这样做很大程度上减少了系统升级过程中用户可能遇到的问题。

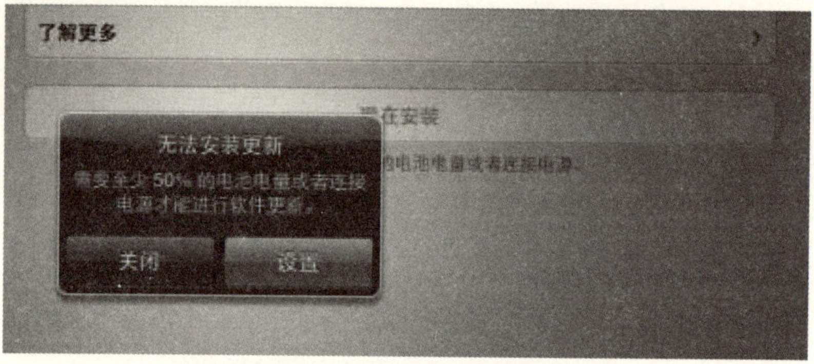

图 6-18　系统更新提示

试想一下，如果 iOS 系统在用户进行系统升级时没有设置这一提醒，那么很可能出现用户花费大量时间下载更新，在安装到一半时却因为没电而关机，用户则需要连接电源再次重新更新的情况。相比烦琐的操作步骤，这样的情况给用户造成了更大的困扰，浪费了更多的时间，降低了使用产品的效率与用户体验。

以上两个案例都是从细节之处出发，减少用户的操作阻碍，使用户在进行操作时更加流畅。减少产品的操作阻碍，就能使用户在使用产品时更加得心应手，可以大大提升用户的效率与体验，使用户感觉产品更加流畅、简洁。

3. 把烦琐操作留给系统

任何事情都有一定的规律，一个具体目标的实现同样也需要具体的流程。

越强大、越智能化的功能的实现，其复杂程度也就越高。并且，这其中的复杂度无法依照我们的意愿消失，只能设法调整、平衡。复杂性存在一个临界点，超过了这个点，过程就无法再简化了。为了给用户提供最大的便利，只能将麻烦留给自己。就像炒菜一样，必须经历摘菜、洗菜、切菜、炒菜的步骤才能做出一盘既卫生又美味的菜，而为了给用户提供便利，可以将其中摘菜、洗菜、切菜的麻烦留给商家，商家将菜洗好切好，再将其出售给用户。将麻烦留给自己，将最大的便利留给用户，对于用户来说，同样实现了产品简化。

高德地图在进行产品简化时，就将麻烦转移给了系统，让机器代替用户进行其中的复杂操作。用户在进行线路查询时，必不可少的步骤是输入起始位置和目的地，即使再怎么进行产品简化，这都是不可能省略的步骤。而高德地图就巧妙地将输入起始位置的这一麻烦转移给了系统，当显示用户需要查询路线时，高德地图会利用定位功能自动将起点定位为“我的位置”（参见图 6-19），即用户的当前位置，这样就减少了用户输入自己起始位置的操作。

图 6-19　高德地图

通过将麻烦转移给系统，让系统为用户进行尽可能多的操作，就减少了用户的操作步骤，实现了产品简化。

7

CHAPTER

文案：一个字、一句话、一张图

当真正的广告创意展现在面前时，你会明白，并不是文案出众、语言华美、设计炫酷的才是好的广告，原来广告的画面也可以这么干净利索，文案也可以这么直白简洁，最终也可以达成这么非凡的效果。

7.1 用户没有时间接受复杂信息

文案是以文字表现已经制定的产品创意策略。产品文案是产品的一部分，同样需要满足用户的需求，好的文案能够促进用户的下一步操作，提升产品销量。

在这个碎片化的时代，用户每天暴露于海量的信息中。大量研究表明，用户不会仔细阅读网页上的文字。随着生活节奏加快，用户已经没有太多时间思考、处理复杂的信息，大部分用户习惯粗略地浏览并且摘取只言片语的信息，所以文案撰写也要简洁，使用户能够在第一时间抓住产品诉求。

那么，如何使用户在短时间内接收到文案中包含的信息呢？

1. 提高信息与用户关联度

就像 Facebook 创始人扎克伯格所说：“人们对自己家门口一只濒死松鼠的关心，更甚于非洲难民。”人们对那些与自身关联度高的信息往往更敏感，不愿意错过。比如“现在盛行一种新毒药，它可能就在你家冰箱里”“把这些东西放在床头，是引发起床气的诱因”等，它们都是用户熟知的事物，都与其生活息息相关。撰写文案时要尽量找到与用户日常生活接近的切入点，继而表达文案的诉求，这样有利于提高用户关注度。

所以，文案撰写要选择与用户关联度更高的切入点，这样才更能引起人们的注意。

如，新世相与航班管家进行的一场成功营销。新世相发布一篇名为《我买好了 30 张机票在机场等你：4 个小时后逃离北上广》的文章，瞬间刷爆朋友圈。文章在微信端阅读量 40 分钟就破 10 万，3 个小时阅读量超过 100 万，涨粉 10 万，微博话题“4 小时后逃离北上广”阅读量迅速突破 700 万；早上两个小时直播平台上的北上广三个直播间共计获得了累计 87.4 万人次围观（参见图 7-1）。

图 7-1　逃离北上广

因此，一场“说走就走的逃离”，汇成一个爆破力极强的定时炸弹，稍微给一点儿火星，就会引爆我们内心冲突的小火苗，引发社会讨论的洪流。

活动又以“4 小时、仅有 30 张票”增加紧迫感，让这种矛盾冲突更加激烈。

这场营销行为获得成功是因为文案内容与用户的高关联度。北上广具有广阔的发展空间，却有着普通人难以承受的高房价、强压力，“逃离北上广”一度成为社会普遍关心的问题。以“逃离北上广”为文案，更能够引起人们的注意，同时飞机票与活动主体航班管家有很强的关联性，很好地为航班管家进行了营销。

2. 文案信息简易度要高

人脑天然抵触那些复杂的信息，因为加工它们需要更高的成本。当用户同时面对“液体氦的 λ 现象、波色 - 爱因斯坦凝聚”和“100 秒看完 100 年物理发展史”两条信息，会不自觉地排斥第一条信息，因为与第二条信息相比，第一条信息相对更加复杂，用户并不能在短时间内看明白。所以，撰写文案时要尽量提高信息的简易度，将复杂的产品知识与特性用简单明了的语言表达出来。

方太是一家致力于高端厨电的品牌，它简洁易懂的文案使得品牌知名度得到了迅速提升。方太智能油烟机的文案为“方太智能油烟机，四面八方不跑烟”（参见图 7-2）。

图 7-2　方太智能油烟机

作为一款智能油烟机，方太的文案中如果一味地说明排风量、风压、功率等这些专业数据，用户并不能在短时间内理解并留下印象，而用“方太智能油烟机，四面八方不跑烟”作为文案就显得通俗易懂，用了方太智能油烟机就能有一个洁净的厨房，使用户对方太智能油烟机产生深刻印象，从而促进购买行为。

3. 突出重点的方式要新奇

用户对新奇信息的刺激有一种天然的反应机制。文案要想在短时间内引起人们的注意，需要提炼出产品最重要的特点，并且用新奇的方式表现出来，这样才能够吸引用户的眼球，进而接收到文案所展现的产品内容。如可以用自黑式、文艺范、搞笑等新奇的方式进行文案撰写，以引起用户的兴趣。

知乎是中文互联网最大的知识社交平台，其最大的特点就是知识聚合。知乎将营销广告生活场景化投放进北京、上海、广州、深圳、成都等16 个一线城市的地铁、候车厅、公交车站和楼宇电视上，引起了巨大的反响（参见图 7-3）。

图 7-3　知乎地铁广告

知乎的这组广告，以一问一答的对话形式进行，构成一个个有趣的段子，顺势引出知乎是一个具有大量知识素材积累的平台。如用“你的房子是租的，但生活不是”这样的问题，进而展现可以在知乎搜索“怎样花更少的钱提升出租屋的格调”；以及用“又吵架了，因为把她拍丑了”引出用知乎搜索“怎么拍出能让她满意的照片”。这类问题都是人们日常生活中经常碰到的，用这些问题作为引子更容易引起用户的注意与共鸣，进而注意到知乎。

这样“一问一答”的形式非常新奇，特别容易引起人们的注意，同时又能很好地体现知乎的特点。

7.2 文字表达要精练

网络时代，每个人的时间都是碎片化的，所有事情都要求简短、快速。文案也是一样，冗长的文案容易使人心情烦躁，没有心情看，且包含的观点太多，使用户没有办法聚焦。简短的文案则会让用户一目了然，聚焦文案所要表达的观点。所以文案撰写要力求简短，能用一个字的，就不用两个字。

如何将文案写得简短明了呢?

1. 用最少的字表达最多的信息

撰写文案时，要在保持信息完整性的前提下，尽量精简句子，力求用最少的字传达文案所要表达的信息。首先明确文案所要表达的信息，通读每句话，找到并抽取其中的关键词，或者省略主语，甚至是谓语，先说结论，然后再做解释。

回家吃饭 App 是一个家庭厨房共享平台，最重要的特点是通过配送和上门自取的方式，将民间厨艺达人与上班族实现对接，为白领和居家客的日常用餐提供选择。基于这种特点，“回家吃饭”将文案定为“一切语言，不如回家吃饭”（参见图 7-4）。

图 7-4　回家吃饭 App

简短的一句文案，却包含着两层意思，第一是与用户产生了心理共鸣，在外漂泊的上班族，远离家乡，最能够打动他们的莫过于一句“回家吃饭”，第二，又明确表现了“回家吃饭”App 的优点与重要性，给用户留下了深刻的印象。

2. 使用特定措辞

研究表明，相比长广告语来说，断句、短句更利于浏览者的识别与记忆。所以，在撰写文案时，要注意使用特定的措辞，这样可以使文案看起来更精简，信息传达也显得更加有力。

第一，使用短句。

例如，黄金酒主打礼品酒概念，将人群定位为中老年人。其广告文案为“送长辈，黄金酒”(参见图 7-5)。用“送长辈，黄金酒”作为广告文案，语句简短，能够让用户第一时间看到黄金酒是一款适合中老年人的礼品酒的特点，虽然只有短短六个字，却将文案所要表达的信息清晰准确地表达出来，并且读起来铿锵有力，朗朗上口，容易被用户记住。

图 7-5　黄金酒广告文案

第二，学会断句。

文案撰写要注意断句，断句可以使语句表达的意思更加明确，同时也使语句看起来更短，读起来更加流畅。

如 iPhone 7 的广告文案“这，就是 7”就很好地运用了断句。如果不使用断句，直接用“这就是 7”作为广告文案，显得平淡无奇，重点不突出。而使用断句，用“这，就是 7”作为文案更加突出表现了 7 代这一信息，不仅使文案看起来更加简短，也使用户更加准确地获取到 7 代 iPhone 这一文案主题。

3. 减少使用元素

撰写文案时，要明确传达给用户的信息是什么，用几个元素能够让用户明白这个信息。在明确表达信息的基础上，要尽量减少使用元素。例如，需要告知用户产品什么时候可以送达，文案可以用“距离”和“到达时间”两个元素表达，但是为了使文案尽量简短，则需要减少元素，只用“到达时间”这一元素也可以将信息表达完整。

滴滴打车的广告文案为“打开车门就是家门”，用最少的元素表达了完整的信息。滴滴打车是一款打车 App，如果用户想要打车，可以直接通过软件打到出租车或者私家车，核心就是用户可以通过网约车回家。以“打开车门就是家门”作为广告文案，用最少的元素体现了滴滴打车软件的特点和作用，文案简短清晰，信息表达准确。

在不影响信息完整性的情况下，减少告知用户所使用的元素，可以使文案表达更加简洁，用户获取信息也会更加迅速、准确。

7.3 语言运用数据化

没有用户喜欢猜测你的用意。面对一篇晦涩难懂的文案，用户不会像做考试题一样慢慢理解，而是选择果断放弃。如广告文案“选总统不如选马桶”，让用户看完感觉莫名其妙，不知所云；“妇儿医院旁，尽享百万人流”，这个文案容易让人产生歧义。用户看完这样的广告词，不知道文案真正要表达的是什么，更不会花时间猜测你的用意，甚至会产生排斥心理。

广告文案要做到通俗易懂，应减掉那些“鸡肋”，一针见血，让用户在看到文案的第一时间就明白你的用意。

1. 语言太“文艺”，让人看得云里雾里

偏文艺的文案，本身的目的是想把文案写得更加有情怀，更加诗意，但是如果不区分具体情况，盲目地用文艺语言表达，很可能会弄巧成拙，让用户无法直观具体地识别和理解文案要表达的意思。

百度手机助手管理页面中，右下角有一个名为“谁是卧底”的按钮，当用户看到这样的文案时，并不能理解这个按钮真正的作用是什么。查询之后才发现这是一个发现手机中的盗版或风险应用的产品（参见图 7-6）。

图 7-6　百度手机助手

用“谁是卧底”作为文案，对于表达这一产品的特点可能具有趣味性，但是由于“谁是卧底”这句话太过文艺，用户在第一时间并不能理解到这款产品的实际用途，趣味性也就无从谈起。所以，文案撰写要避免语言太文艺，以致意思表达不清楚，让用户看得云里雾里。

想要避免文案太文艺而让用户看不懂，可以将能够量化的内容，用数据表现，比如多少天、多少米等，而对于不能够量化的抽象内容，可以举例或者用图片的形式表现，还要注意避免用生僻字、成语和引号。在确保主要信息表述准确的前提下使文案语言变得丰富。

2. 文案写得有歧义

文案有歧义，是指容易让用户产生不同的理解。一篇主题不明确的文案绝对不能引起用户的共鸣，用户获取不到文案传达的准确信息，就不会费心思去猜测到底是哪种意思，从而不会实施购买行为。

日系汽车有一则广告文案为“驾驭我，你与天堂的距离就是一步之遥”。这句广告文案存在明显的歧义。可以理解为本款汽车性能出色，驾驭这款汽车就像在天堂一样舒适；但是也可以理解为这款汽车性能很差，安全性低，开这款车离“天堂”就很近，这两种理解方式会让用户产生完全不同的感受。

所以，在撰写文案时要避免产生歧义。

第一，可以利用句子中词语读音的变化、重音的差异和停顿不同来消除歧义。例如，“这种糖五块五十粒”，可以用停顿的方法避免歧义，表达为“这种糖五块 / 五十粒”或者“这种糖五块五 / 十粒”。

第二，可以通过改变句子结构、增设语境等方法避免歧义。例如，“我要热饭”，可以通过增设语境改为“我要热饭，没有时间出去玩”或者“我要热饭，不要冷饭”。

3. 文案写得像“代码语言”

文案并不是使用越高大上的专业词汇越好，过于专业的文案常常会让用户不明所以。用户对于专业知识并不了解，文案写成“代码语言”，即使产品再优秀，在用户脑中也不能“解码”，如此，也就理解不了产品的特点与诉求。

小米手机商城有一则为“骁龙 808 旗舰手机”的广告文案（参见图 7-7)，对于这句文案，用户根本看不懂。什么是骁龙 808？为什么骁龙 808 好，好在哪里？普通的手机用户对于手机 CPU 的了解并没有达到非常透彻的程度，对骁龙 808 并没有概念，也理解不了这款骁龙 808 旗舰手机到底有多好，这句文案对于用户而言说了等于没说。

图 7-7 小米手机广告

所以，在撰写文案时要避免将文案写得像“代码语言”，避免使用专业词汇。大部分用户很难理解高大上的词语和专业词汇，文案要用最通俗的大白话表达完整信息。例如，将移动硬盘的文案定为“超大内存 1TB”可能大部分用户都看不懂，如果定为“可以装下 1000 部电影的移动硬盘”，用户就能够直观地理解这个硬盘的内存到底有多大。

7.4 图片信息要简洁

广告文案不只有文字，还包含图片。生活中我们随处可见的网站图片、车身广告以及广告牌等都属于图片文案。图片文案相较于音频、视频等营销，减少了对用户的干扰，具有独特的优势，但同文字一样，图片也需要简洁。用户阅读图片都有一个注视点，一次只能注视一个点，图片的信息越精简，用户获取图片信息的时间就会越短，从而更加有利于传播。因此，企业在为产品文案设计图片时，一定要注意图片的简洁性，时刻把握“复杂图片的唯一好处就是吓跑用户”的文案图片设计原则。

1. 精简文字，突出重点

相同尺寸的图片上，文字越少，用户获取信息越容易，而同样内容的信息，简短的文字更醒目。大段的文字显得非常烦琐，用户不能在看到图片的第一时间获取到图片信息，也绝不可能耗费时间研究图片内容，这样的广告图片也就丧失了存在的价值。

图片中要避免大段文字的使用，用简短的文字突出重点即可。例如，设计广告图片时要明确图片主题是要表现新品上市还是打折促销，如果要表现打折促销，那么如“5 折”这样的字样就要放大，其余元素则要弱化。

文案图片的中心诉求是鞋子在做买一赠一的活动（参见图 7-8）。图片中除了需要表现女鞋这一元素所用的女生和一双鞋以外，文字内容尽量精简，能够让用户在看到图片的第一时间获取图片信息。图片中将“买一送一”四个字进行放大加粗，以重点突出，其余文字，如“春夏热卖”（为表现此次活动所推出的款式属于春夏款）这部分信息相比“买一送一”不是主要表达信息，所以从文字大小、颜色饱和度方面进行了弱化。在图片中尽量使用了较少的文字，使整个画面看起来更加简洁，而有目的地将重点信息进行突出，则使图片信息表达更加清晰准确。

图 7-8　某女鞋品牌促销文案图片

精简图片中文字、突出重点有以下两种方法（参见图 7-9）。

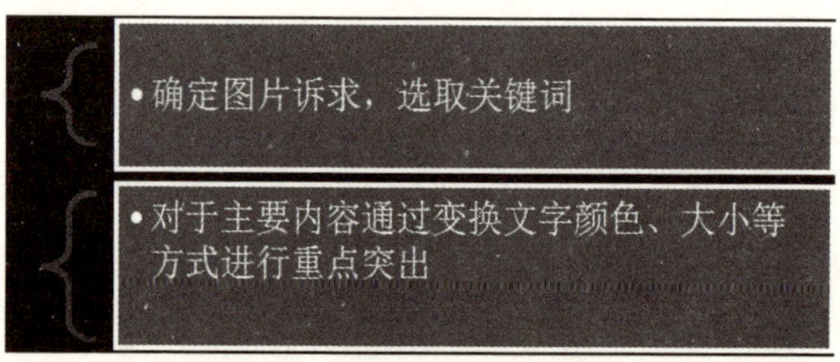

图 7-9　突出重点的具体方法

2. 图片元素要清晰

所谓图片元素，是指一张文案图片中的图形、图片等元素。这些元素和图片中的文字一样，都承载着说明文案图片信息的功能。图片中的元素要尽量简化，使各元素看起来更加清晰，清晰的图片元素能够使整个图片看起来更加简洁美观，用户从图片中获取信息也会更加方便、快速。

膜法世家面膜的文案图片中（参见图 7-10），途中的北美金缕梅图片、七叶树图片、马齿苋图片以及膜荚黄芪根提取物的图片都属于文案图片中的图片元素。这些图片元素对于解释膜法世家面膜所含有的成分起到了重要解释作用。设计文案图片时，所用到的这些图片元素必须要清晰，才能使整个文案图片看起来简洁唯美，对于用户从图片中获取信息也起到非常关键的促进作用。

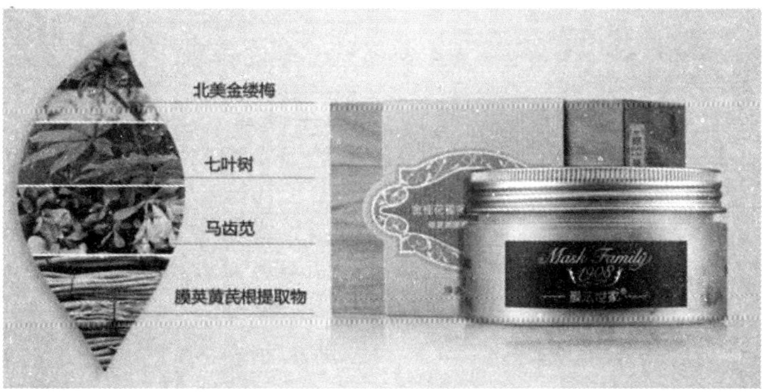

图 7-10　膜法世家文案图片

文案图片中的图片元素变得清晰有以下两种方法。

方法一　通过放大图片元素的方式，使其变得更加清晰

方法二　完整表达信息的前提下，尽量减少所用元素

图 7-11　如何使图片中的元素变得清晰

3. 颜色不要过于醒目

不是只有夸张的色彩才能够吸引用户的眼球，提升传播效果。实际上，过于夸张的复杂的色彩反而容易使用户感觉刺眼、不友好甚至产生反

感情绪，降低图片的点击率，削弱文案的营销效果。

同为食用油的文案图片（参见图 7-12，图 7-13），图 7-12 不论是作为背景色的蓝色和黄色，还是食用油包装本身的黄色，都采用了饱和度非常高的亮色，给人感觉非常刺眼，很难看清楚图片上的具体信息，以致用户很难抓住图片的诉求。

图 7-12　颜色过亮的文案图片

图 7-13 不论背景颜色还是包装本身的颜色，都是采用柔和的暗绿色，整个图片画面柔和舒适，用户获取图片信息相对更加容易。

图 7-13　颜色柔和的文案图片

所以，在设计简洁的广告图片时，要注意运用一定的方法，使用的颜色不要过于醒目，避免大面积使用亮色或者使用颜色过多，尽量选择柔和统一的色调，这样的图片会显得更加简洁明了。

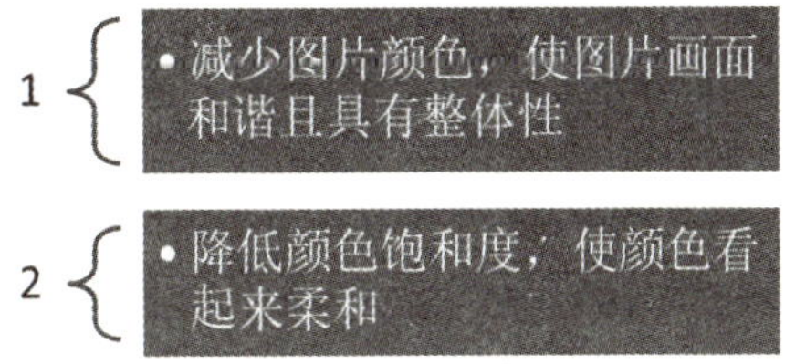

图 7-14　调和颜色的具体方法

4. 注意留白

图片设计中，留白是指位于图像、文字、符号之后的作为基底的部分，恰当地运用留白可以使图片呈现出简洁唯美的格调。图片内容的缺失并不代表信息表现程度与关注程度的缺失，相反，由于使图片主体对象更加凸显，使图片更加清晰，恰当的留白往往能够提高图片的关注度。所以，留白对于设计简洁有效的广告图片具有重要作用。图片的留白并不代表空白区域只能是白色，只要是相较于背景图片，没有添加其余元素的内容都可以视作留白。

苹果手机官方网站呈现的 iPhone 7 红色特别版的海报图片（参见图 7-15）很好地运用了留白艺术。除了位于整个图片中心位置的 iPhone7 红色特别版手机，其余位置全部使用红色作为留白。整个图片画面看起来简洁大气，不仅很好地突出了手机的特点，也使图片具有很强的整体性。

图 7-15　苹果手机文案图片

在图片设计中，图片留白可以参照具体的方式有以下几种（参见图 7-16）。

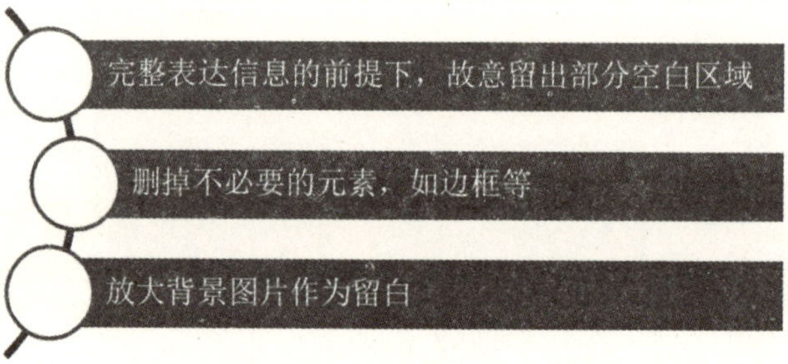

图 7-16　具体的留白方式

7.5 排版设计要简约

一篇成功的文案，离不开好的排版。简约的排版设计减少了不必要的修饰，会让主题传达更明确，同时，极大程度提升用户的视觉体验。运用最基础的版式设计方法设计出极简唯美的文案版式，可以使文案表达效果最大化。

1. 字体字号多样化

如果一篇文案通篇都是同样的字体，给人的感觉就会冗长无趣，没有新鲜感，容易使用户产生阅读的疲劳感，并且，通篇使用同样的字体和字号不能很好地突出重点，使文案显得没有个性。不同的内容恰当运用不同的字体和字号，可以将不同内容进行很好的区分，从而使文案看起来更加简洁，重点突出，也更有个性。

排版中，文字运用主要包括字体多样化和字号多样化两种方法。

第一，字体多样化。字体多样化体现在字体、颜色等方面。

运用不同颜色的字体能够产生明显的对比效果，也是排版设计中最常见的突出重要内容的方法。相对重要的内容可以通过区别字体颜色的方法使内容看起来更醒目。

运用不同粗细的字体也可达到不同效果。文字的粗细不同，深浅不同，可以给人视觉上带来落差，从而形成视觉重心。

此外，还可以通过不同的字体将内容进行区分，字形变换形式多样，可以根据需求选择不同的字形。例如，不同的内容可以分别运用宋体、楷体、隶书等不同字体，或者运用衬线体和非衬线体的变换，必要的情况还可以进行字体设计或者加入图形等元素，将文字形成文字块。文字块的运用，不仅可以起到文字解释说明的作用，还能够作为装饰使整个文案版式看起来更加丰富生动。

第二，字号多样化。字号，是指字符的大小，如一号、二号、10 磅、20 磅等。文案排版时根据文案内容的主次进行不同字号的区分是简洁排版的一种重要方式。将相对重要的内容用较大的字号进行编排，使整篇文案看起来主次有别，简洁清晰。

微信公众号“咪蒙”的一篇名为《我曾经以为，长大后就不再需要妈妈了》的文案（参见图 7-17），通过对母子之间感情的细腻描述表达孩子对母亲的依恋，同时也为母婴品牌“美素佳儿”做软文推广。文案排版中字体普遍为黑色，重点突出文章主题则采用文字加粗的方式体现，对于推广品牌“美素佳儿”四个字更是采用放大字号，使用红色加粗和其他内容作区别，这样的文案排版显得重点突出，简洁明了。

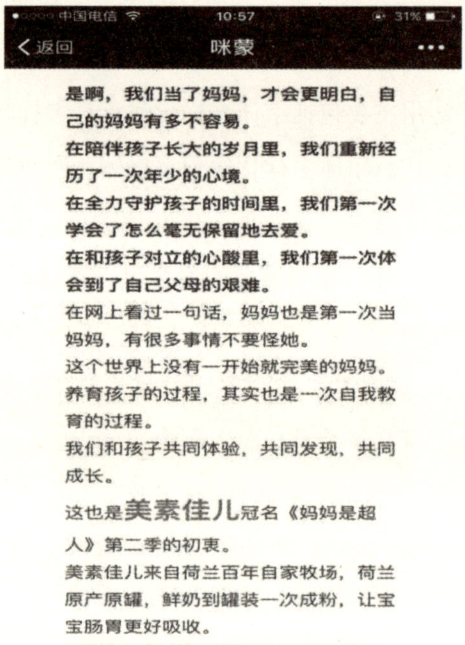

图 7-17　咪蒙公众号文案

2. 注意对称和留白

排版设计中，要注意避免过长的段落，精简的段落使文案显得简洁，同时，文案排版时要注意段落的对称和留白。对称可以使整个版式看起来工整清晰，留白则可以增强内容的易读性，使文案简洁、明快。

第一，对称。对称指在进行文字排版时，各段落之间尽量避免错落无序，遵守一定的规则，做到对称。对称在排版中是最基础也是最重要的方法。并且，把文案分割成一小段一小段的，这样读者不至于被满屏的文字吓到，在阅读的过程中不至于产生疲劳感。

第二，留白。留白是指没有编排任何要素的“空白”，是一种特殊的视觉语言。在排版设计中，适当的留白可以使文案看起来简约而富有层次感。文案排版时，可以将需要展现的各元素集中展现，刻意留出大量“空白”版面；也可以增大文字间距，不仅增强文字的易读性，还可以留有更多空余空间，使版式看起来更加清晰。

微信公众号“电影头条”文案排版（参见图 7-18），相邻的四段文字，在排版时增加段落与段落之间的距离，增加空白版面，使整个文案版面看起来更加简洁，也使用户阅读体验得到提升。

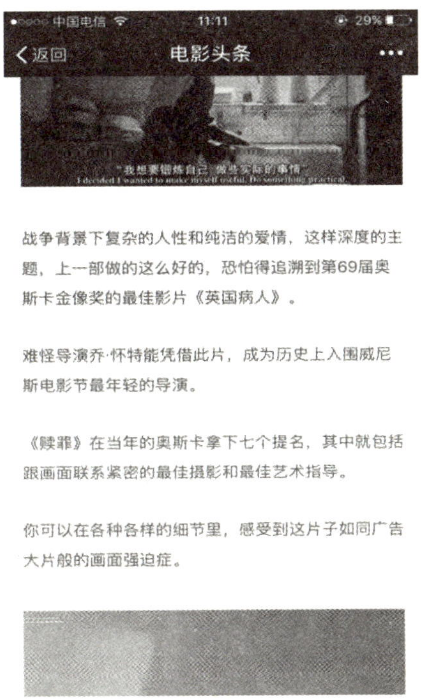

图 7-18 微信公众号“电影头条”文案排版

3. 图文结合，合理布局

图片与文字都是文案中的元素，对于文案信息的表达都起着至关重要的作用，将图片与文字结合，合理利用空间布局，可以提升文案整体风格，实现极简唯美的排版。

文案排版中图片与文字的结合方式主要有以下三种。

第一种，图文居中。这种分布方式以文字为主要表达内容，与图片相关联，整个版式稳定，简单。

第二种，左右或上下结合。这样的结合方式使版式看起来平衡、明快，图片与文字区分明显，针对性强。

微信公众号“匠库”的文案排版（参见图 7-19），将文字和图片上下结合，图片对文字起解释说明作用，版式看起来简洁明了，文案逻辑清晰。

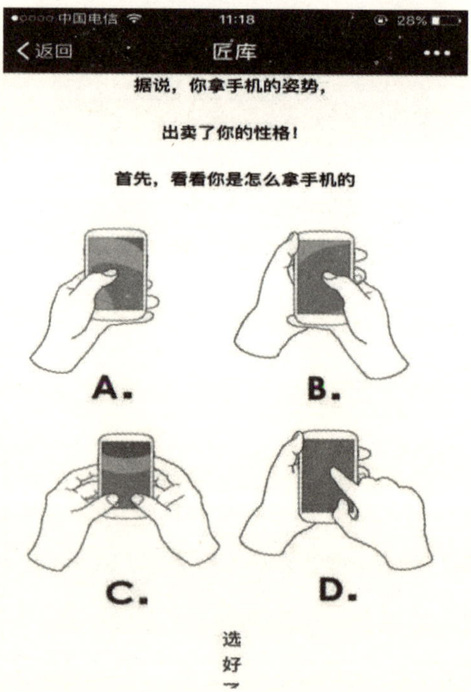

图 7-19　微信公众号“匠库”的文案排版

4. 使用单一视觉

实现简洁唯美的版式设计，至关重要的一个方面就是色彩的运用。过于复杂的配色使版式看起来凌乱，重点不突出。想要版面看起来简洁就要学会对版面颜色做减法，尽量使用相同色系的颜色，对细微的明度、饱和度等细节做调解，使版面极简耐看。

化妆品品牌韩束的文案版式（参见图 7-20），配合韩束墨菊系列的紫色色调，文案整篇主色调为紫色，包括文字也均使用了紫色调，只是在颜色饱和度上进行细微调解，突出内容主次。这样的文案看起来更加具有整体性，也更加简洁唯美。

图 7-20　韩束的文案版式

排版设计中，颜色运用可以从以下方面入手。

第一，确定主色调，添加其他颜色作为辅助。例如，选用灰色作为主色调，就可以选择亮色作为辅助颜色小范围内进行搭配。

第二，控制颜色的层次。在相同色系中通过改变饱和度调整颜色，使同一色系的颜色富有层次，可以使版式简洁并具有立体感。

8

CHAPTER

传播：99%的推广方法都是多余的

营销手段并不是越多越好，而是要选择最适合自己的。极简营销的核心观念就是如此，用最适合、最简单的营销手段，达成最大的传播效果。

8.1 营销要找准关键着力点

营销好比射箭。射箭只有瞄准靶心才能一击即中，营销同样需要瞄准靶心，找准关键着力点。什么是关键着力点呢？主要包括定位设置诱饵、增强用户参与感两方面。这样的营销看似简单，但是却能产生极大的营销效果。

1. 定位设置诱饵

定位设置诱饵，是有目的、有针对性地对用户进行营销的过程。

所谓定位，是指要清楚我们的用户是谁以及我们的营销的目的是什么，然后“对症设置诱饵”。就像钓鱼一样，不同的鱼需要的诱饵不同，钓鱼首先要清楚想钓什么样的鱼，然后有针对性地选择诱饵。“诱饵”设置准确，企业才能用最简单的营销方法达到最好的效果。

2014 年，美国的“ALS 冰桶挑战”可谓风靡全球，它要求参与者在网络上发布自己被冰水浇满全身的视频，然后 @ 想要邀请挑战的人，而被邀请者，有两个选择：在 24 小时内接受挑战或者对“肌肉萎缩性侧索硬化症”捐出 100 美元。活动旨在让更多的人知道渐冻人的罕见疾病，同时也达到募款帮助治疗的目的。

该活动在全美科技大佬、职业运动员中风靡，随即蔓延至中国互联网圈。参加的明星包括比尔 · 盖茨、科比 · 布莱恩特、雷军、姚明……（参见图 8-1）

图 8-1 冰桶挑战

“冰桶挑战”能获得如此大的成功，就是因为它采用了“定位设置诱饵”的方法。首先，在设计这场营销活动之前，先明确针对的用户是谁。冰桶挑战是公益性的项目，同时该活动的推广渠道是互联网平台，因此，活动发起方将用户定位为活跃于互联网的爱心人士。

互联网用户大多是年轻人，喜欢新鲜、有挑战性的事物，而传统的公益活动一般都是通过捐款的方式开展，很多人认为这种方式已经缺乏新鲜感。如果按传统的捐款方式作为该活动的主题，那么必然无法达到大面积的传播效果。因此，活动发起方以“冰桶挑战”为诱饵的公益活动，增加了活动的新鲜感与趣味性，让人耳目一新，主动参与，并采取 @ 三人的接力挑战方式将传播范围扩大。

2. 增加用户参与感

参与感能让参与者找到存在感，是一种自我实现的过程体验。

营销过程中提高用户的参与度，能够使用户的参与感和荣誉感得到满足，加深用户对于产品的印象，从而使用户自发地成为营销活动的传播节点。这样的营销更容易产生效果。

2016 年，西贝莜面村为情人节策划了一项专属名为“亲嘴打折节”的活动，该活动有一条极为吸引人的广告语“吻得越深，折扣越大”，并设计了四种不同的亲吻姿势和对应折扣。活动当天，凡到店消费的顾客均可参加，根据亲吻姿势享受不同的折扣。“西贝莜面村”推出的活动紧扣情人节的主题，并且形式新颖，吸引了众多用户参与，极具话题性的活动规则也引起了用户和媒体的广泛关注，无形中为品牌做了大量的免费宣传(参见图 8-2)。

西贝莜面村“亲嘴打折节”活动的成功，让我们看到，增加用户的参与感可以从三个方面人手。

第一，增加噱头，抓住眼球。现在人们的时间趋于碎片化，用户只会在他们感兴趣的内容上停留，只有瞬间抓住用户的眼球，才能吸引用户参与营销活动。西贝在情人节当天推出“亲嘴打折节”活动，恰好符合情人节“爱”的主题，可以瞬间抓住用户的眼球。

图 8-2　“亲嘴打折节”活动

第二，回馈吸引用户。人们对于有回报的活动兴趣更浓，不论是实际的利益还是精神上的满足。营销活动过程中可以增加有奖转发等内容，也可以设置一些能够展现用户智慧的活动，使用户在参与活动的同时增强荣誉感。只要参加“西贝”的“亲嘴打折节”活动，用户就可以获得不同程度的打折，这是提高用户积极性的重要原因。

第三，参与渗透全程。粉丝参与一个品牌的互动，充其量只是代表粉丝对品牌有了初步的兴趣，如何将这种好感巩固或进行价值深挖呢？最好的办法是让用户参与到产品营销的各个互动环节，成为忠实粉丝并成为自发的传播者，这样将会有更多的人对品牌产生喜好。用户参与“亲嘴打折节”活动的每一个环节，都可以使用户更加了解“西贝”这一品牌。

8.2 广告语简洁精准，围绕一个角度展开

营销推广，最先要使信息容易被记忆，而简洁、精准的广告语无疑是最好的解决方式。

与复杂不等于深刻一样，简洁绝对不等于简单。例如，宋代禅宗将修行分为三个境界：第一境界是“落叶满空山，何处寻行迹”；第二境界是“空山无人，水流花开”；第三个境界是“万古长空，一朝风月”。

第一境界是看山是山，看水是水；第二境界是看山不是山，看水不是水；第三境界是看山还是山，看水还是水。山还是山，水还是水，但一切都已然不同。表象的东西依然不变，但过程中内心的领悟已是另一种层次了。简洁比简单更精致，也许这就是简洁与简单的区别。

1. 简洁的 KISS 原则

KISS 原则是英语 Keep It Sweet and Simple 的首字母缩写，指在设计当中应当注重简约的原则。放置于广告语，就是要求简短、意思明确、甜美。广告语过长就会导致诉求点多，涉及的记忆因素也会增多，同时也就削弱了品牌的利益诉求。

著名牙膏品牌高露洁的广告语堪称经典。一句“我们的目标是——没有蛀牙”，让人们深深记住了这个牙膏品牌。有一个笑话：老师讲完课后问学生：“我们的目标是？”“没有蛀牙！”学生回答道。这虽然是一个玩笑，却反映出了高露洁这句广告语的深入人心（参见图 8-3）。

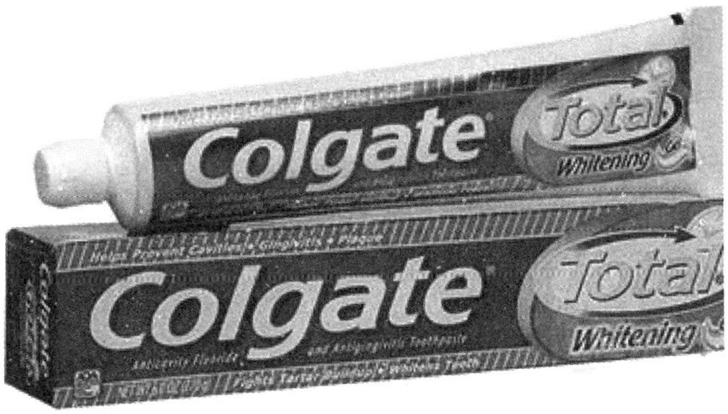

图 8-3 高露洁牙膏

人们刷牙的最重要的目的就是保护牙齿，保持牙齿健康。高露洁将“没有蛀牙”作为广告语，简洁却不简单。它简短、明确地表达出了品牌的诉求点，准确地反映出了高露洁作为牙膏的特性，形成了用户对于高露洁牙膏的最大记忆点，使用户想到牙膏就想到“没有蛀牙”，从而选择高露洁。

高露洁以最简洁精炼的广告语使用户深深记住了这一牙膏品牌，增强了传播效果，实现了极简营销。

2. 每次只围绕一个角度

根据“诺拉德”定律，用户总是在不经意、漫不经心的情形下接受广告信息（广告就像是用户的“耳边风”）。在这个信息爆炸的时代，如果广告语不能做到新鲜、独特，就很难在众多信息中脱颖而出，引起人们的注意，自然也就谈不上传播。

所以，在进行极简营销时，要注意每次只围绕一个最重要、最独特的角度进行营销传播，正所谓少即是多。

同样是 OPPO 手机，OPPO R9 与 OPPO R9S 有不同的特点，广告语也有所不同。

OPPO R9 除了像素高、耐用性强等特点，与其他手机最大的不同就是支持 VOOC 闪充功能，充电快，电池耐用，所以 OPPO R9 在进行营销时，只选择闪充功能这一最大特点进行宣传，将广告语定为“充电 5 分钟，通话 2 小时”（参见图 8-4）。

图 8-4　OPPO R9

OPPO R9S 最大的特点就是拍照功能的提升。OPPO R9S 不仅只有美颜 4.0，还有智能曝光，用了智能曝光之后，图片的色彩更加柔和，清晰度也高，随手就能拍出好照片。并且 OPPO R9S 还是国产手机中第一款使用超大光圈的手机，所以 OPPO R9S 的广告语为“这一刻，更清晰”（参见图 8-5）。

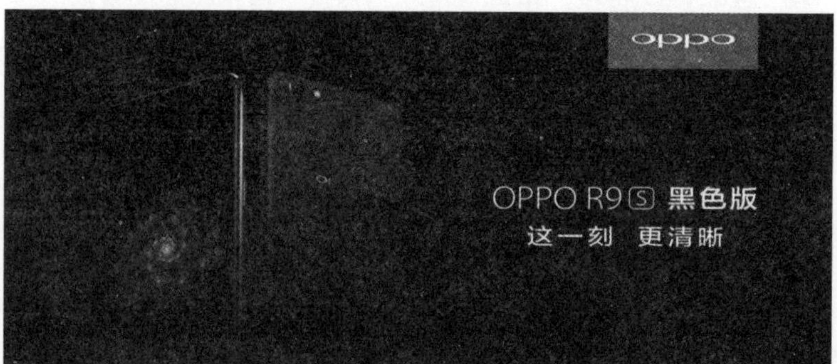

图 8-5　OPPO R9S

不论是 OPPO R9 还是 OPPO R9S，市场都非常火爆。正是 OPPO 在进行不同产品的营销时，准确找到了产品的最大特点，每次只围绕一个角度进行宣传，才能够瞬间引起人们的注意，加强营销效果。

3. 直接才能更简洁

广告语要在用户熟悉的情形下一目了然，直截了当地进行诉求。用户都有趋利避害的心理，他们更容易也更愿意接受与自身知识经验接近的信息。所以，广告语的设置要尽可能地贴近用户生活，力求将复杂深奥的产品知识简单、直接地传达给用户。

提到农夫山泉，很多人的第一反应都是“有点甜”。“农夫山泉有点甜”这句广告语帮助农夫山泉在全国范围内迅速提升了品牌知名度，可以说是最经典的广告语之一（参见图 8-6）。

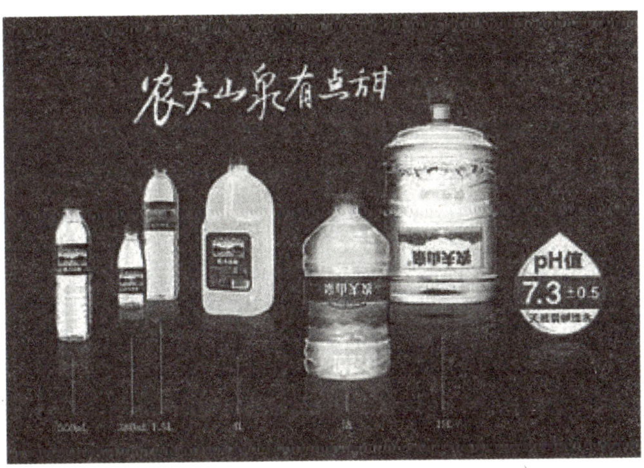

图 8-6　农夫山泉

农夫山泉的水来自千岛湖，从很多大山中汇总的泉水，经过千岛湖的自净、净化而来，含有人体所需的全面、均衡、天然的矿物元素，是天然弱碱性的健康饮用水，有利于人体健康。但是在进行营销传播时，过于专业的广告语并不能使用户很快了解到品牌内容，抓住品牌诉求点。相反，用“农夫山泉有点甜”作为广告语就能够将农夫山泉的产品特点简单、直接地传达给用户。

中文中本有“甘泉”一词，意思就是甜美的水，用“农夫山泉有点甜”作为广告语，直接并且贴近人们的生活，同时又暗示了农夫山泉水的优质，使得农夫山泉在用户心中建立了良好的记忆点。这样直接、简洁的广告语使农夫山泉的知名度得到大幅提升，促进了销量，无疑是一次成功的极简营销。

8.3 植入式广告场景极简化，亮点表达极致化

极简营销中一个常见的推广方法是植入式广告。植入式广告也应做到极简、极大、极致，一味地追求曝光量很可能适得其反。植入式广告将营销场景极简化，结合内容、平台、渠道、事件极大化地渗透用户的感官，并通过广告极致化地展现产品的亮点，实现品牌理念的深度传播，这样就可以通过具象的传播扩大营销效果。

1. 营销场景极简化

曝光量不等于传播价值。特别是在植入式广告中，曝光量只是实现营销目的的一个因素，曝光量越大并不代表传播价值越大，有的时候甚至可能引起观众的反感。将品牌融入合理的内容场景，并将营销场景极简化，有利于观众聚焦，从而实现传播价值。

综艺节目《我是歌手》第三季中景田百岁山的品牌营销对于场景极简化可谓做到了极致。营销场景布置非常简单，就是在节目总导演洪涛身边放一瓶百岁山，在宣布最终结果之前，由洪涛喝一口百岁山矿泉水，用最简单最自然的方式呈现出产品（参见图 8-7）。

图 8-7　综艺节目《我是歌手》

众所周知，《我是歌手》是一档竞赛类节目，整个节目中最引人注目的环节是由总导演洪涛宣布比赛结果，在这一环节中，观众的注意力和情绪都集中在电视屏幕上，为洪涛设计一个简单而又合情合理的喝水动作，让"洪涛身旁的一瓶水"成为情绪的载体而形成观众记忆点。

这一场景看似极简，却实现了观众的聚焦，准确地抓住了观众的最大记忆点，使营销效果增强。

2. 营销渗透极大化

用户更倾向于选择熟悉的品牌。例如，同样是洗衣液，一个是蓝月亮，另一个是用户非常不熟悉的品牌，用户肯定选择蓝月亮，所以极简营销要让产品极大化地渗透到用户的生活中。结合内容、平台、渠道，将品牌融入内容，融进故事发展，做到产品道具化、广告内容化，使用户对于品牌产生深刻的印象，让用户对产品习以为常，当用户产生需求时，才会自觉地购买。

湖南台的综艺节目《爸爸去哪儿》具有很高的收视率，奶粉品牌诺优能作为冠名商在节目中进行了非常多的植入营销，将诺优能奶粉融入各种适宜的场景，极大地渗透了观众的感官。

例如，“村长”李锐将“欢迎大家来到由荷兰大牌，不要大牌原装原罐全进口诺优能奶粉冠名的《爸爸去哪儿》第四季”作为每次节目的口播开场，无形中加深了观众对于诺优能品牌的印象；在田亮父子深情相拥的时候，及时出现诺优能真心告白的花字，让“原装原罐信赖，大牌暖心相伴”的广告语深入人心，并且提升了观众对于诺优能的品牌好感度；“鲫鱼兄弟”取早餐时，自然而然地拿出诺优能奶粉冲泡，更是极大地增加了品牌出镜率（参见图 8-8）。

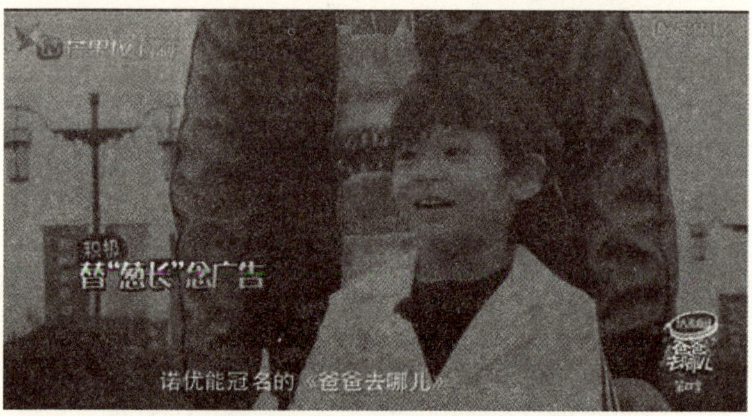

图 8-8　综艺节目《爸爸去哪儿》

通过结合内容、平台、渠道等不同方式最大程度地将诺优能这一品牌渗透到观众的感官，增加了观众对品牌的印象以及信任度，从而刺激线下购买，实现营销目的。

3. 亮点表达极致化

由于广告的特殊性，现在的用户逐渐厌烦了打断式的广告，广告内容化成为趋势。将广告与话题内容深度结合，可以使产品亮点表达极致化，对用户造成强记忆点，从而建立品牌在用户心目中的品牌形象，促进产品销量。

例如，在优酷自制的网剧《西涯侠》中，就将汽车品牌斯柯达的营销与内容做了很好的结合。《西涯侠》通过巧妙的方式将品牌信息融入剧情中作为鲜明的台词元素，并以创意的形式植入了李西涯、艾劲创立的第一大派，“斯柯达滴答派”在门派牌匾上强势露出。剧中一段短短两分钟的剧情里，“实在不简单”这句广告语在不知不觉间展示了 6 次（参见图 8-9）。

图 8-9　网剧《西涯侠》

这种出其不意的嫁接方式，配合独特的植入风格，大大降低植入违和感，增强了反差对比及剧情冲击的诙谐与幽默。

将斯柯达的营销融入节目内容，使品牌营销传播更加自然，在用户不知不觉中就完成了品牌形象的建立，给用户留下深刻的印象。

8.4 短视频内容趣味化，结合热点引爆传播

移动互联网时代，人们的阅听习惯越来越碎片化，说教式的文字、呆板静态的图片以及过于冗长的长视频广告，已经不能适应人们的阅听需求，短视频作为一种新的推广形式覆盖面广、形式丰富、影响力大，所以最适合在碎片化时间中使用。

1. 视频内容要讲究趣味

随着人们的生活节奏加快，生活压力加大，需要一些富有趣味性的东西调剂生活。事实证明，时间短、趣味性强的视频内容相比枯燥无味的视频内容更容易被用户接受。

视频内容要讲究趣味性，可以从产品特点、文案、渠道以及公关活动等方面建立具有趣味性的传播点，将视频内容与产品特性结合，做成简短、富有趣味性的视频进行传播推广。

肯德基举办的“炸鸡狂吃季”活动，将广告内容做成了一段时长为一分钟的短视频，引起了非常大的反响。“炸鸡狂欢季”活动针对B站上90后以及00后“宅基腐呆萌二次元”的特点，制作了一段关于软妹、单身以及追剧大神等吃炸鸡的短视频，展现了肯德基炸鸡的配方以及特点，并

配有节奏感强的《炸鸡就要吃过瘾》主题曲（参见图 8-10），非常具有吸引力，肯德基还鼓励网友翻唱改编主题曲，并有机会赢得奖品。这则短视频一经上线就非常火爆，网络上随时都可以听到“炸鸡吃掉”神曲。

图 8-10　肯德基视频广告

肯德基的营销短视频结合推广平台 B 站年轻受众多的特点，利用当下流行的“软妹”“追剧大神”等形象推广肯德基炸鸡，并推出洗脑神曲，这样简短又富有趣味性的视频内容非常符合当下年轻人的口味，所以产生了很好的推广效果。

2. 结合社会热点，引爆传播

随着手机等移动终端的广泛应用，微博、微信群、朋友圈等社交平台对人们的生活渗透不断加大，视频的时间优势受到了一定程度的威胁。视频内容只有结合社会热点，才能提高人们转发的意愿，引爆传播。例如，可以将广告视频的内容与当下流行语、热点新闻等联系起来，投放在微博、微信以及秒拍等社交平台上。

金六福酒举办了“金六福里有金条”活动，并打造了系列病毒视频——《打劫篇》《行贿篇》《怀孕篇》等（参见图 8-11），并且通过美拍、秒拍等短视频社交平台进行传播，吸引了大批网友，进而刷屏微博、微信等社交平台，视频点击量超过 1500 万，进行了一次成功的营销。

图 8-11　金六福酒视频广告

不管是《打劫篇》中美女收银员与三名蒙面歹徒斗智斗勇的紧张场景，还是《行贿篇》中局长和老朋友聊天间得知的惊天大秘密，以及《怀孕篇》中年轻夫妻的搞笑对话，其所展现的反腐、贫富差距等无一例外都是当前的社会热点话题，这样的视频内容更容易引起用户的共鸣，从而使其自发地对视频进行转发、点赞、评论，引爆传播。

3. 植入性广告更容易被接受

植入性广告是将视频广告作为内容的一部分，植入实际页面设计的广告形式。相比传统广告“强硬”地让用户接受广告信息，植入性广告更加注重用户的体验，不直接向用户推荐产品，而是为用户提供有价值的信息，让用户自然地接受广告内容，实现产品营销。

要做植入性广告，可以将具体的广告内容融入页面设计，使广告成为信息内容的一部分。例如，爱奇艺热点频道中的植入性广告为一个短视频，和频道页中的内容完全一致，和频道内其他内容也基本一致，并且支持评论、点赞、分享等功能（参见图 8-12）。

图 8-12　爱奇艺植入性广告

兰蔻在春节营销活动中，借助微信朋友圈的视频推广页进行了一次成功的营销活动。兰蔻采用 360 全景图 + 短视频，在广告内层中，生肖折纸形象也在 360 全景图和短视频的烘托下跃然“屏”上（参见图 8-13）。

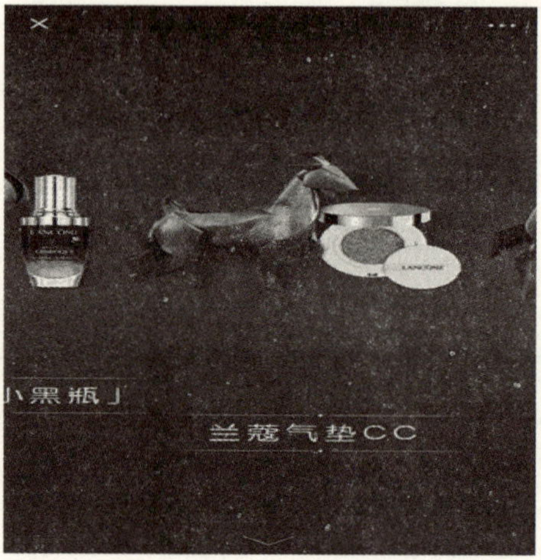

图 8-13　兰蔻广告

兰蔻植入性广告给用户提供了极具交互感的浏览体验，成功传达了兰蔻优雅高端的品牌信息，使得兰蔻在用户心中的品牌好感度大幅提升。

8.5 口碑传播意见领袖化，口碑裂变更显著

俗话说，“金杯银杯，不如老百姓的口碑”。口碑在营销过程中具有越来越重要的地位。

口碑营销，是指企业在品牌建立过程中，通过客户间的相互交流将自己的产品信息或者品牌传播开来。口碑营销具有宣传费用低、可信度高、针对性强等特点，可以让企业用最少的成本获得最大的回报。想要实现口碑营销并不容易，只有掌握了口碑营销的方法，才能使口碑营销成为最简单的传播方式。

1. 给用户一个良好的体验

要想在用户之间建立良好的口碑，就要给用户一个良好的体验。用户有了好的体验，才会自觉地将品牌推荐给别人。

（1）良好的产品和优质的服务

良好的产品和优质的服务是在用户之间产生口碑的基石。当产品和服务超出用户的期望值，好口碑就在用户之间得以产生，从而给了用户一个传播的理由，为实现口碑营销奠定了基础。

海底捞作为品牌火锅店，几乎从来不打广告，却仍具有非常高的知名度，门店生意非常红火，靠的就是口碑营销。海底捞口碑传播的方式就是给用户一个好的产品和服务。

海底捞的产品味道纯正、特色突出，仅火锅锅底就有十多种，还设有自助调料台，有二十多种调料供用户自行调配，另外，还有当季的免费水果供用户食用。最大程度地满足用户的味蕾。

海底捞的服务态度也非常好。因为食客很多，经常要排队，餐厅就为等待的顾客提供免费美甲，美鞋，护手服务；供应免费饮料、零食和水果。服务员来自五湖四海，可以找老乡服务，态度很热情。服务周到，甚至在卫生间里都会有专人服务，包括开水龙头、挤洗手液、递擦手纸等（参见图 8-14）。

图 8-14　海底捞

这种优质的产品和贴心的服务远远超过了用户对于一家火锅店的预期，从而使用户愿意将海底捞这一品牌传播出去，一传十十传百，在用户之间树立了良好的口碑，实现了品牌营销。

（2）**意料之外的惊喜**

口碑传播需要用户之间的互动。经常给用户制造意料之外的惊喜，例如，送用户一些小礼物、举办线下活动等，与用户发生故事，用户之间才会有好的话题和动力进行互动，从而实现口碑传播。

三只松鼠作为以坚果为主营业务的品牌，自2012年成立可谓发展迅猛，如今，它的市场价值已经超过10亿元人民币，三只松鼠的成功离不开口碑营销。

三只松鼠除了品类多样，产品优质以外，还开创性地在每个产品包装里附有果壳袋、湿巾、胸针等小物品，这些小物品看似简单，却是用户以前购物没有的体验，给了用户意外的惊喜，让用户感觉到了三只松鼠的贴心（参见图8-15）。

图8-15　三只松鼠

同时，这些附加物品一定程度地展现了用户自身的生活品质，使用户“自豪”地晒在朋友圈，从而形成口碑传播。

2. 利用意见领袖广泛传播

意见领袖，是指在某一细分领域相对普通大众更有成就，被普通大众认可的、具有权威的人。意见领袖介入营销传播，可以加快信息传播速度并扩大影响力。

比如，你身边有一个人篮球打得非常好，很多人都向他请教，那么在打篮球这个细分领域他就是大家的意见领袖；再比如，你有一个闺蜜买衣服眼光非常好，你身边很多人买衣服时都会向她咨询，那么你的这个闺蜜就是买衣服这个细分领域的意见领袖。意见领袖不一定是大人物，更多的是各个圈子里具有较大影响力的普通人。

雕爷牛腩号称国内第一家轻奢餐。雕爷一直对外宣传花了 500 万买的香港食神戴龙的牛腩秘方，前期靠雕爷在开业前进行了半年的“封测期”，遍邀京城各界数百位美食达人前来试菜。

刘雨鑫（微博名为刘雨鑫 JASON）也是一位美食达人，微博粉丝 35 万人，在美食圈具有较大的影响力（参见图 8-16）。

图 8-16　美食达人刘雨鑫微博

雕爷牛腩在“封测期”就曾请他去试菜，并在微博上对雕爷牛腩进行宣传（参见图 8-17），为雕爷牛腩提升了知名度。经过不断微调，雕爷牛腩餐厅一经正式对外营业就大受食客追捧。

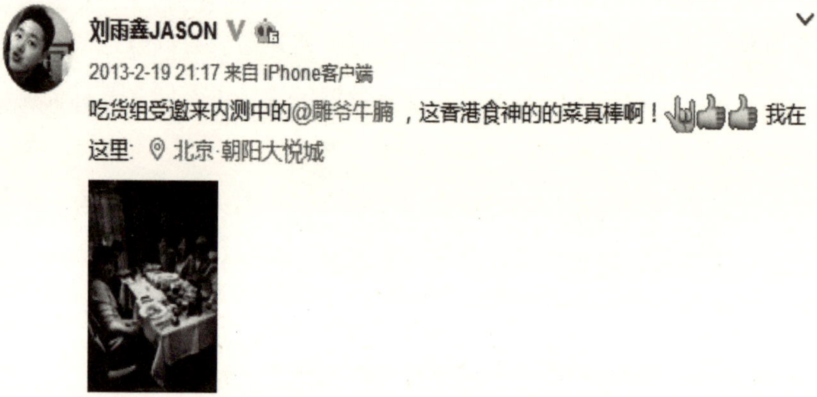

图 8-17　美食达人刘雨鑫宣传雕爷牛腩微博

美食达人在餐饮业具有很大的影响力，这些美食达人就是餐饮业的意见领袖。雕爷牛腩通过这些美食达人进行营销宣传，让其对品牌进行口碑传播，提升了品牌在用户心目中的认知度和信任度，起到了四两拨千斤的效果。

怎样利用意见领袖进行广泛传播呢？

(1) 选择意见领袖经常接触的媒介发布广告，方便他们获取信息

要想利用意见领袖进行广泛宣传，首先要让意见领袖注意到你的产品。在意见领袖经常接触的媒介发布广告，更容易引起他们的注意，获得他们的关注，进而使品牌得到传播。比如可以在微博、微信朋友圈、知乎、豆瓣等意见领袖集中的渠道进行广告宣传。

(2) 针对意见领袖进行直销营销

营销人员要注意收集有关意见领袖的个人资料（包括他们的姓名、住址、职业、电话等），逐步建立意见领袖的资料库，然后利用这些资料，针对这些重要的顾客，进行资料库营销或直销营销。

（3）**借助现有意见领袖去发现和培养新的意见领袖**

俗话说“物以类聚，人以群分”，现有意见领袖的身边，一定潜藏着不少具备意见领袖素质的人物，企业和广告人应善于观察，并通过现有意见领袖的推荐、实际考察等方式，将他们尽可能挖掘出来并充实到意见领袖队伍中去。

3. 注意口碑维护

要想品牌有长足的发展，不仅要将好口碑建立起来，传播出去，还要注意维护。一个企业如果不注意口碑维护，必定发展不会长久。

“外婆家”是一家连锁餐饮企业，在全国各地设有多家分店（参见图8-18），这些门店有一个共同特点，就是每餐都有排队等待就餐的。“外婆家”的生意如此火爆，除了好的菜品与就餐环境，长期的口碑维护也是一个重要原因。

图 8-18　外婆家

外婆家有多个属于自己特色的名菜，这在一定上满足了顾客重复消费中追求变化的心理。菜肴要好，价格不能贵，这是对回头客进一步挽留的一个重要因素，再好的饭店价格太贵，也不可能成为一种重复的消费场所。外婆家在这点上做得非常到位，虽然并没有刻意保持价格最低，但是却综合水准上保持低价，它最便宜的一道菜只有3元钱。当一个白领顾客在这里既可以享受到舒适有品位的就餐环境，也可以品味到价廉物美的菜肴，还能够得到周到的服务时，再一次的光顾就成为一种必然。

企业应该如何做好口碑维护呢？

第一，经常与用户进行沟通，线上传播线下互动。品牌和粉丝的联系纽带是感情和产品，没有产品就没有根本，没有感情，便没有忠诚和再购。

第二，倾听、采纳用户的建议。倾听，让粉丝感觉到被重视，被尊重；建议，不一定都能被吸纳或者改进，但是倾听，让粉丝的建议会更有显性的价值。

第三，不断完善产品，使用户更加忠诚。完善品牌的所有体验，产品体验、服务体验、平台体验、营销体验、沟通体验、故事体验等。有改进，才有期盼；有满足，才有忠诚！

8.6 故事人物个性化，主题鲜明充满正能量

营销如果只是罗列产品的优点，最多不过是一份产品说明书而已，而对用户讲一个简单并且容易复制的故事，则能够通过创造产品加强与用户之间的联系，使用户从故事中感觉被熟悉、被理解，从而拉近品牌与用户之间的距离。故事营销通过故事建立品牌与用户之间的联系，方式极简，

营销成本低，是抢占用户心智的最有效方法。

1. 个性化的人物

既然是故事，一定少不了一个个性化的人物，如果故事没有人性化的人物，就会显得干涩。聚焦个性化人物，能够使故事更加立体、耐看，容易被用户记住并复制。并且，用户透过个性化人物，可以看到品牌的发展与精神，进而对品牌产生好感与认同。

聚美优品的陈欧，以“为自己代言”的形式向用户讲了一个生动的故事。陈欧作为聚美优品的 CEO，学历高、颜值高，可以说是现代女性心目中最具有高富帅特质的 CEO。陈欧通过讲述自己的故事，为聚美优品塑造了一个个性化的代表人物，在这个个性化人物深入人心的同时，用户也深深记住了个性化人物背后所代表的聚美优品。

“你只闻到我的香水，却没看到我的汗水；你否定我的现在，我决定我的未来……”这样朗朗上口而且激情澎湃的“陈欧体”广告词（参见图 8-19）和当代年轻人的价值观非常契合。

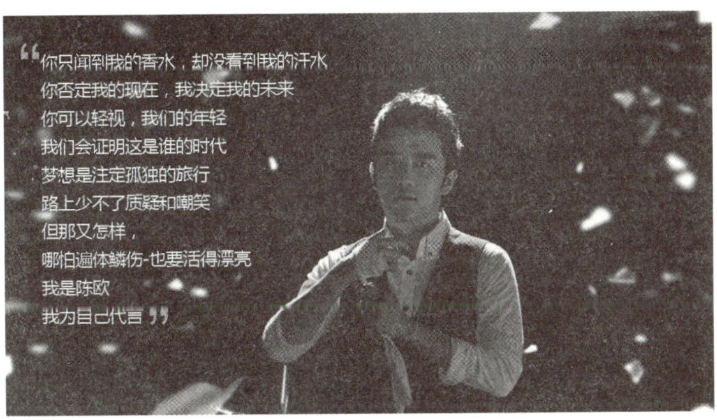

图 8-19　陈欧“为自己代言”

CEO 的现身说法，“为自己代言”，也引起了用户内心的共鸣，在成功塑造陈欧这一青年才俊形象的同时，也使得用户充分了解到聚美优品正能量的企业文化，加强了用户对于聚美优品的品牌消费倾向，实现了一次成功的故事营销。

2. 制造矛盾与冲突

没有矛盾和冲突的故事显得索然无味，缺乏吸引力。在故事中制造矛盾和冲突，能够快速抓住用户眼球，使用户对你所讲的故事产生兴趣，在矛盾和冲突中展现品牌定位以及品牌精神，让用户在听故事的时候自然地了解和接受品牌，进而认同，实现营销传播的目的。

对于小米手机，很多网友曾经指出，小米手机装着很高级的壳，却是国产垃圾。而小米科技董事长雷军在一次做客腾讯微论坛时，亲手将自己的小米手机从 1.6 米空中摔落（参见图 8-20），并指出小米手机具备一流的设计团队，供应商、真材实料的加工厂和代工厂，并且有严格的性能测试。尽管小米手机砸在水泥地上，电池飞出，手机仍然正常开机，没有任何问题。

图 8-20　小米科技董事长雷军摔手机

小米科技董事长亲自摔小米手机这一矛盾冲突迅速引起了广大网友的兴趣，这一故事也在网上被网友热议。通过这一故事，小米科技不仅成功反驳了小米手机是山寨机，也证明了小米手机具有强大的性能和一流的设计，同时也向用户表明了小米科技认真做手机、注重小米手机品质的态度，使小米手机在用户心中的好感度倍增。

小米通过这样一个具有矛盾冲突的故事，让用户深深记住了小米这个品牌以及其坚持做好产品的品牌理念，从而做了一次成功的营销。

3. 主题鲜明且充满正能量

一个品牌要通过故事进行品牌传播和营销，除了个性化的人物和矛盾冲突外，最重要的是通过故事传达出鲜明且充满正能量的主题。鲜明且充满正能量的主题能够使用户对品牌产生好感，有利于在用户心中树立良好的形象，而好的品牌形式是营销发展的基石。

褚时健曾经是中国有名的“中国烟草大王”。在红塔工作的 18 年中，褚时健为国家创造的利税高达 991 亿，他在红塔集团时带的三个徒弟也已经是红河烟厂、曲靖烟厂、云南中烟集团的掌门人。从打造红塔集团，到被判无期徒刑，“中国烟草大王”褚时健曾跌至谷底。但是，褚时健并没有因为人生跌入谷底就选择消沉，在经历大起大落后，褚时健选择在 74 岁高龄重新出发，和妻子一起种橙创业，让用户认识了一种叫“褚橙”的水果（参见图 8-21），也让自己再次成为了传奇。

褚时健和妻子在橙园搭了工棚，并且吃住都在里面。期间曾遭遇掉果子、果子口感不好等一系列问题，这个七十多岁高龄的老人经常工作到凌晨三四点，甚至亲自挑选肥料。从 74 岁到 84 岁，褚时健从白手起家变成了亿万富翁。

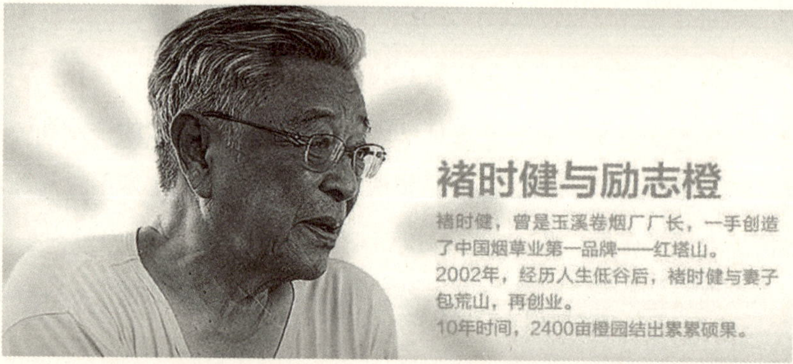

图 8-21　褚时健与褚橙

褚时健通过讲述自己的经历，向用户传递一种积极向上的能量，同时也让自己的品牌在用户心目中树立了励志、上进的形象。在褚橙上市后，王石、潘石屹等成功人士纷纷发微博为褚橙捧场，表达对褚时健以及褚橙精神的赞赏，褚橙也受到全国各地用户的追捧，一度出现供不应求的局面。

9

CHAPTER

案例：不只乔布斯，这些企业也崇拜极简

任何理论都是从实践中来，然后经过整合分析再运用到实践中去。让我们来看看当下一些企业是如何开展极简营销并最终获得成功的。

9.1【科技】小程序：为了极简 App 而存在

2017 年初，微信小程序正式上线（参见图 9-1）。微信小程序，简称 CX，是一款具有消息通知、对话分享、线下扫码、历史列表、小程序切换以及公众号关联等 7 大功能，并且不需要下载安装即可使用的手机应用。小程序的诞生，充分迎合了这个追求极简主义的时代，在各个方面都洋溢着极简主义的色彩。

图 9-1　微信小程序

1. 无须安装，用完即走

通常，用户想要使用某个 App，首先要在应用商店进行下载，并且安装到自己手机上，才能进入 App 界面并开始使用。小程序则完全简化了其使用方式。使用小程序，不需要下载 App 或者进行页面跳转，只需要点击按钮或者链接，就可以直接打开相应的应用小程序。对于使用方式极简化，微信官方给出的小程序的特性可以总结为：无须安装、触手可及、用完即走、无须卸载。

2. 能砍掉的都砍掉

微信小程序对 UI 设计进行了极简化处理，对于一切与用户操作目的无关的内容都进行了删减，能砍掉的都砍掉，只保留其中最核心的模块，使得小程序的界面实现了完全简化，甚至类似于原始形态。

例如，滴滴出行的小程序 App 为 DiDi，其界面只保留了滴滴打车作为打车软件的核心功能，只保留了“您在哪儿上车”以及“您要去哪儿”这两项功能（参见图 9-2）；

京东的小程序“京东购物”相比网页版以及手机移动端页面都进行了很大程度的简化，只保留了物品搜索框以及优惠券栏目（参见图 9-3）；

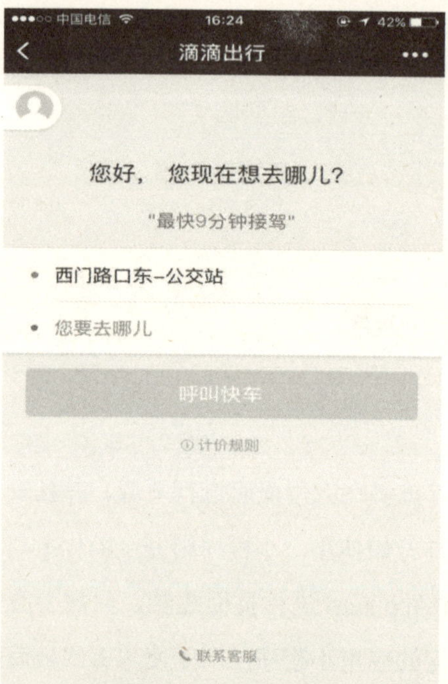

图 9-2　滴滴出行小程序

图 9-3　京东小程序

腾讯视频的小程序也进行了极简化，不同于网页版以及手机移动端页面视频分类的多样性与具体化，腾讯视频的小程序界面上对视频分类进行了很大程度的简化，将热门视频放置于首页面（参见图 9-4），更加方便用户操作。

图 9-4　腾讯视频小程序

3. 用户使用零负担

大数据时代，人们的手机上安装着各种各样的 App，App 在给用户的生活带来便利的同时，也存在一些困扰。很多用户都经历过被推送消息、被粉丝骚扰等。小程序在这方面做到了极简化，让用户使用小程序零负担。

小程序在微信中没有集中的入口，用户需要使用哪个具体的小程序只需要进行输入搜索即可，留出了被海量资源占据的空间。

小程序没有自己的商店，没有系统向用户自动推送的小程序。这样就避免了用户被推送信息打扰，给用户充分的自由和空间。

小程序没有订阅关系。减掉了订阅关系，小程序所占用的空间就会大比例地减少，用户对于小程序的使用也会更加便捷。

小程序没有粉丝关注。一些 App 通常都具有粉丝关注的功能，粉丝关注功能容易带给用户类似于粉丝推荐、购买粉丝以及广告等，这些无疑都会给用户带来不同程度的困扰，与小程序所推崇的极简主义背道而驰。

总而言之，小程序处处体现着极简主义，它将所有可能对用户造成干扰的因素减掉，将满足用户需求的核心功能保留，恪守极简主义原则，为极简主义而生。

9.2【教育】英语流利说：忍不住说英语

英语流利说是一款融合创新口语教学理念和尖端语音评估技术，为个人、企业提供专业英语学习及解决方案的一款英语教育类 App（参见图 9-5），英语流利说通过为用户每日推送标准的美语对话以及富有趣味性的闯关游戏，让用户“忍不住说英语”，在轻松愉快的环境中进行英语口语学习。英语流利说作为一款教育类 App，在产品设计以及功能方面都进行了极简化处理，让用户使用更加方便。

图 9-5　英语流利说

1. 布局极简，获取信息更快捷

“英语流利说”界面设计简洁明快，风格极简，给人感觉非常清晰美观。并且，为了节省用户的使用成本，提高用户使用效率，“英语流利说”在布局设计方面采用了极简化处理。抛弃了“三道杠”形式，采用了分栏式设计（参见图 9-6），将整个页面分为上中下三个栏目，在页面底部设置选项卡导航栏目。

这样的布局设计不仅看起来简洁美观，分类清晰，让用户使用 App 时获取信息更加方便，而且，这样极简化的布局设计可以让用户迅速进入功能菜单，降低了用户进入功能菜单的时间成本。

图 9-6　英语流利说页面布局

2. 为用户提供便捷的登录通道

用户使用“英语流利说”需要进行账户登录。除了进行“英语流利说”账号注册以外，用户可以通过第三方账户实现直接登录，这样就可以免除用户进行账号注册时需要填写一系列相关个人信息的烦琐。并且，大部分 App 即使支持第三方账号登录，但是往往支持的账号仅限于微信、微博、QQ，不免使用户在登录时受到限制，而“英语流利说”支持多种第三方登录，除微信、微博、QQ 以外，还支持豆瓣以及人人账号登录（参见图 9-7），不仅给用户在登录方式上提供了便利，也给了用户更多选择。

图 9-7　英语流利说登录页面

3. 极简化处理给用户带来极致体验

“英语流利说”App 在用户体验方面同样进行了极简化处理，减掉了一切复杂烦琐的操作流程，简化一切操作步骤，力求用户在使用 App 时能够得心应手，过程流畅。

打开 App 首页，则会出现用户引导课程，并设有“开始”按钮用以引导用户，这样的操作设计，能够让用户快速使用 App，降低用户对于 App 的使用学习成本。

App 的核心功能“添加课程”设置在最容易引起用户注意的重要位置，方便用户使用。

课程页面的设置以课程难易程度、分类、排序三个角度为用户进行课程筛选，帮助用户用最短的时间选定课程。

用户在查看课程简介并添加课程之后，不用进行页面跳转，可以直接进行课程具体内容学习，简化了操作流程，提高了用户的使用效率。

9.3【图片】美图：提供用户极致修图体验

美图秀秀（参见图 9-8）是一款集照片特效、人像美容、可爱饰品、文字模板、智能边框、魔术场景、自由拼图以及摇头娃娃等功能于一体的图片处理 App。不同于以往复杂高深的图片处理器，美图秀秀不论在外观设计方面还是操作功能方面，处处体现着极简主义精神，多样化的功能、简单易上手的操作体验，使美图秀秀 App 获得了广泛的用户群体。

图 9-8 美图秀秀

1. 操作简单，效果不简单

美图秀秀 App 的操作可谓是傻瓜操作，不需要用户有任何基础，非常容易上手，给用户修图带来了最大的便捷。

点击美图秀秀 App，用户即可进入 App 首页（参见图 9-9），用户可以直接点击“相机”按钮或者下拉页面进行拍照，不用进行相机页面的跳转，就可以最大程度地为用户提供便捷，提高用户使用效率。

图 9-9 美图秀秀 App 首页

美图秀秀 App 在美化图片、人像美容以及手绘自拍等每个功能使用页面都有详细的功能使用说明，为新用户提供使用指南，避免用户操作中可能出现的不便。

美图秀秀 App 中许多功能都设置有“一键”式操作，如一键美白、一键磨皮、一键风格转换等，不需要用户按照烦琐的步骤逐步操作，只需要根据需求选择相应的功能，一键点击即可完成对图片的修改。

2. 更加简洁美观的界面设计

美图秀秀 App 界面设计采用极简化风格，在突出 App 功能以及特性的基础上，尽量减少对用户的干扰因素，使整个 App 界面看起来简洁美观，并且方便用户操作，对提升用户产品体验起到了非常重要的作用。

打开美图秀秀 App，即可进入 App 首页，App 首页除了标志性的 LOGO 位于左上方，几乎没有任何干扰项目，对于 App 所具有的主要功能，美图秀秀将所有功能以双横排的形式进行排列，并设置于整个手机界面中间偏下的位置。这个位置是用户进行操作时手指最容易涉及的位置，这样的设置为用户操作提供了便利，也更加人性化。

进入具体功能的 App 首页（参见图 9-10），需要被编辑的图片相对于整个手机屏幕占了很大比例。

图片处理的具体功能横向排列，位于页面下方，而页面上方也只设置了“返回”与“保存分享”两个按钮。合理设置了每个功能的具体位置，从而减少了不必要因素的干扰，使整个页面看起来非常简洁，从而为用户的具体操作使用提供了便利。

图 9-10　美图秀秀具体功能主页

9.4【商超】阿尔迪：用极简思维打败沃尔玛

阿尔迪（参见图 9-11）是德国一家以食品经营为主的连锁超市，也是德国最大的食品零售企业。早在 2006 年，阿尔迪超市已经打败同类超市沃尔玛，致使沃尔玛亏损严重退出德国市场，不仅如此，阿尔迪目前在全球拥有 6800 多家分店，其中德国国内分店达到 4000 家，其余 2800 多家分布在欧美和大洋洲的 11 个国家，其固定顾客比例高达 37%，远远高于食品零售业其他同类商超。相比沃尔玛等其他同类型超市，阿尔迪超市装修简单，店面只有一个简单的超市 LOGO，超市内部也并无多余装饰，但是商品摆放整齐、干净，并且，商品价格也比沃尔玛低 15%~25%。阿尔迪超市处处体现着极简思维，也正是由于极简思维的运用，使阿尔迪能够打败行业巨头沃尔玛。

图 9-11　阿尔迪商超

1. 装修极简，减少干扰

不同于同类型超市的豪华装修，阿尔迪超市装修处处体现着极简风格。阿尔迪超市的店面只有一个简单的 LOGO，没有其他多余装饰，超市外观显得整洁清爽。而在超市内部，阿尔迪超市也没有设置多余的装饰，只有必要的货品指示牌。这样的装修风格减少了对用户视线的干扰。并且，减少过多的装饰设计，能够在很大程度上降低装修成本，提高产品竞争力，对于食品类的连锁超市来说，产品的质量恰恰是其核心的竞争力。

2. 品类极简，少给选择才能好选择

一家沃尔玛店里的货品大约有 1.5 万种，而一家标准的阿尔迪超市只有不超过 700 种货品。与沃尔玛相比，阿尔迪货品的种类简直少得可怜。

阿尔迪超市在商品种类上走极简风，看似商品种类减少，会降低超市的竞争力，事实上，情况完全相反。

第一，由于商品种类减少，反而能够确保零售额的上升。阿尔迪严格控制商品的种类和数量，对于不符合供货标准的商品，阿尔迪超市会毫不犹豫地将其撤离货架，使超市每一款产品都能够成为“爆款”。并且，由于商品种类的减少，单一种类商品的销售量随之增加，其采购量也就相应增加。这样巨大的商品采购量使阿尔迪超市在供应商面前有了更大的优势，从而可以获得低价格和优质服务。

第二，由于商品种类的减少，商品的物流成本和储藏成本都有所降低，运输时效上也有了很大的提高，同时降低了商品的损坏率。

3. 营销极简，节省资金用于增加商品质量

相比其他商超铺天盖地的广告营销，阿尔迪超市显得“安静”了许多。阿尔迪超市在广告营销方面投入极少，可谓是风格极简。阿尔迪没有新闻部，也没有公关部，并且阿尔迪从来不做市场调研，也不在媒体上发布营销广告。对于广告营销，阿尔迪每年的投入仅占其年销售额的 0.3%。与装修极简一样，阿尔迪将在营销方面节省出的资金用于增加商品质量，提升超市的核心竞争力。正因为这样，阿尔迪超市的销售额才会实现逐年提升，打败行业巨头沃尔玛。

9.5【写作】简书：找回文字的力量

简书 App（参见图 9-12）是一款手机阅读应用软件，不同于其他手机阅读软件，简书 App 不仅能够用来看书阅读，用户还可以利用简书 App 进行写作。其功能包括“阅”“写”“聊”“编”“书”等，用户可以利用简书 App 阅读各种类型的书籍文章、写作文章、编辑图片，打造自己的公众号、通过简信与欣赏的作者直接交流，甚至通过简书出版自己的书籍。简书 App 风格简约，文章内容纯粹简单，没有复杂的条条框框，App 通过极简风格的设置，为用户提供了一个真正的文学天地，帮助用户找回文字的力量。

1. 界面设计极简

简书 App 的界面设计非常简洁、清爽，可谓将极简风格发挥到了极致。简书 App 界面非常清爽，没有烦琐的多余元素。将必要的元素通过极简风格表现出来，整个 App 界面显得立体、干净。用户使用 App 时不会被冗余的元素干扰，大幅度地提升了用户的使用效率和使用体验。

图 9-12　简书 App

2. 内容设计极简

简书 App 不仅在界面设计上采用极简设计，在内容的设计上同样采用了极简风格的设计（参见图 9-13）。简书 App 的主页面结构清晰，各种内容之间层级划分非常明显，不仅完整地展示了全部内容，而且非常符合用户的阅读习惯。

简书 App 的主页内容划分为“今日看点”“热门文章”“我的订阅”，不同于其他同类 App 需要用户自己寻找专题，简书 App 采用列表形式的布局，让人们从上到下有秩序地阅读信息。这样的列表更加符合用户的阅读习惯。App 对于文章还设有预览内容，用户可以根据预览内容决定是否要阅读全篇文章，节省了时间，避免将时间花在不感兴趣的内容上。热门文章分类为“当前热门”“七日热门”“三十日热门”，这样即便读者错过了感兴趣的热门话题，也可以进行再次阅读。

3. 操作方式极简

简书 App 在操作方式上同样进行了极简化处理，为用户尽可能提供操作便利，提高用户的使用效率。例如，简书 App 不但操作流畅，而且用户进行图文排版非常简便，对于用户上传的图片，App 自动进行图片居中，并且帮助用户自动设置好字体字号；不同于其他 App 进行账号登录之后才能使用，简书 App 免登录也可阅读热门文章（参见图

图 9-13 简书 App 内容设计

9-14)，真正简化了用户的操作。

图 9-14　简书 App 登录页面

9.6【服饰】#FFFFFFT：只卖一款衣服，一周营业半天

#FFFFFFT（参见图 9-15）不是乱码，是一间服装店的名字。这家位于日本涩谷的服装店，可谓将极简风格发挥到了极致。#FFFFFFT 是全世界第一家白色 T 恤专卖店，每周只在周六营业半天，并且，与其他商店争相选择繁华地段不同，#FFFFFFT 将店面开在了位于居民区的旧车库里。就是这样一家看似什么都非常随意的服装店，却让世界各地的游客争相到

访购买，在 #FFFFFFT，顾客的购买率超过 80%，最多的时候一天能卖出 180 件白 T 恤。这样的成绩与 #FFFFFFT 的极简风格是分不开的。

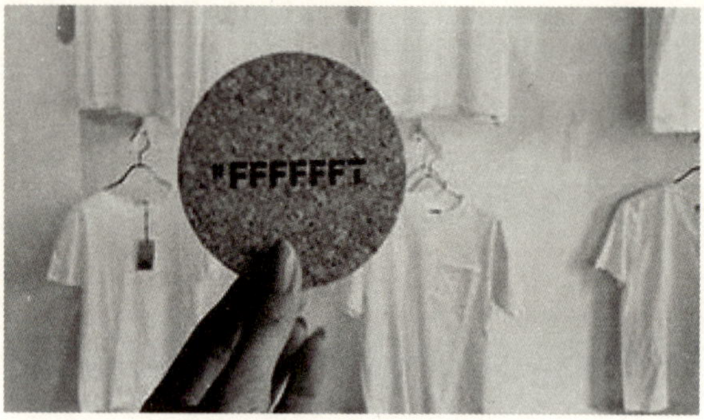

图 9-15　#FFFFFFT

1. 装修极简，与 T 恤融在一起的白

#FFFFFFT 的装修可谓是极简风格最好的表现。在 #FFFFFFT 的店中，找不到一点多余的装饰，墙体通体白色，非常符合 #FFFFFFT 只卖白色 T 恤的主题，甚至连挂衣服的衣架都是白色的。地面和屋顶全部采用灰色调设计，使整个店面看起来干净素雅（参见图 9-16）。顾客在 #FFFFFFT 店中不会被多余的装饰扰乱视线，白色 T 恤就是其唯一的注视点。

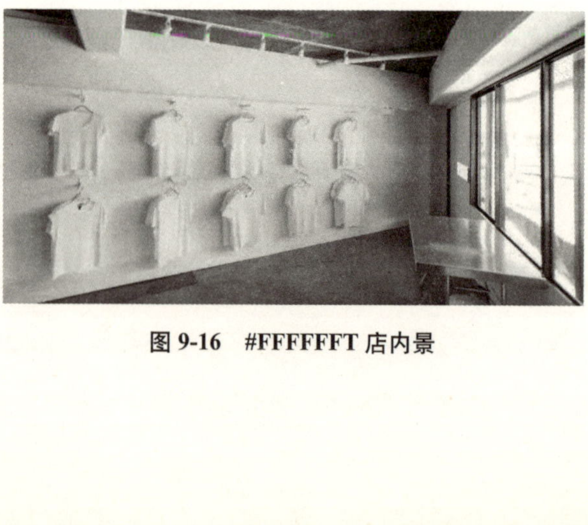

图 9-16　#FFFFFFT 店内景

2. 产品极简，种类不超过 30 款

在 #FFFFFFT，只有白色 T 恤供顾客选择，而且其种类不超过 30 款，也就是说，在 #FFFFFFT，产品只有 30 款白色 T 恤。这样的产品极简化看似种类极少，减少了顾客的选择，但是，每一件 T 恤都经过店主精心挑选，为了能让大多数顾客在 # FFFFFFT 里找到合适的白 T，店主经常在全球各地搜罗白 T 恤，无论是偏远地区小纺织厂织造的，还是出自奢侈品牌的限量版，甚至会为了一件白 T 恤专门到棉花场地进行实地考察。这样的产品极简化看似减少了顾客的选择余地，却为顾客提供了非常高质量的衣服，并且，衣服种类的减少，也有利于顾客快速做出选择。

3. 销售极简，一周只营业半天

#FFFFFFT 的营销也称得上是极简化。对于销售产品，#FFFFFFT 的店主似乎永远都显得那么“不上心”，#FFFFFFT 只在每周六的下午营业半天，碰上店主有事外出，顾客很可能还要多等上一周。#FFFFFFT 没有进行很多的产品营销，只是始终如一地坚持做好产品，为顾客寻找最好的白色 T 恤。当别人采访 #FFFFFFT 的店主时，他的重点也永远都不是急于推销自己的产品，而是津津有味地谈论白 T 的设计、品牌背后的故事或是他收集白 T 时发生的小故事。

9.7【餐饮】喜家德：五款水饺成就“餐饮界华为”

喜家德水饺（参见图 9-17）是一个餐饮连锁品牌，于 2002 年创立于黑龙江鹤岗，当前喜家德水饺发展至东北、华北两大区域，连锁店遍布全国40多座城市，拥有连锁店面450多家，是全国最具影响力的专业水饺连锁领导品牌。在喜家德，没有各式各样的产品，只有五款水饺，也正是只卖这五款水饺，让喜家德在15年之间在全国开设了450家连锁店，成为了“餐饮界华为”。

图9-17　喜家德水饺

1. 在精不在多，把水饺做成艺术品

在普通的水饺店，很多水饺的种类达到几十种，最少的也有十余种，而在喜家德，水饺的种类只有五款。水饺的种类这么少，不是喜家德的产品研发能力不足，也不是资金不够，只是因为喜家德对于产品树立了极简化的理念，在喜家德，好的产品不在于种类多，而是在于把产品做精。喜家德对于饺子生产的每一个关键都做了非常严格的把控，除了水饺本身所选用的食材，甚至对于煮水饺所用的电压、水以及温度都有非常严格的要求。对于一个普普通通的饺子皮，喜家德利用高科技为饺子皮做了透视仪，用来看饺子皮的薄厚程度，并且，每一个饺子皮都要经过称重，最后

才能包成“一字形”水饺；对于煮饺子的锅，喜家德花费大量时间与资金进行研发，使其专用锅比普通锅煮饺子能够快两分钟，并且盛汤时都不用掀盖锅盖，大大提升了工作效率。

喜家德减少了水饺的数量，却将每一个水饺都做成了“艺术品”，产品极简化使喜家德在用户之间有了良好口碑。

2. 做专不做全，保证产品质量

喜家德的极简化不仅表现在产品上，还表现在营销上。很多品牌发展到一定程度，就开始进行疯狂的扩张，只在规模上寻求大、全，却忘了初衷，守不住自己的“专”。喜家德在这方面却反其道而行之，求专不求全。为了保证产品的质量，避免出现产品质量参差不齐影响品牌口碑的情况发生，喜家德在 2015 年已经停止连锁加盟，减少加盟店的数量，实行标准化管理，保证产品的质量。并且，在店面的规模上喜家德也从不寻求大，其根据运营数据总结，得出了 100 平方米的店铺面积对应 60 个座位数的最佳比例，确保公司实现运行轻盈，管理方便。

喜家德的这种“舍利取存，停止加盟，只做直营”的方式，让喜家德不仅能从产品种类上做到极简专注，还能从管理上做到极简专注，进而全面保证喜家德的质量与口碑。